KB266544

만주와
한반도를
잇다

만주와 한반도를 잇다

초판 1쇄 인쇄 · 2026년 4월 23일
초판 1쇄 발행 · 2026년 4월 30일

지은이 · 강주원
펴낸이 · 천정한
펴낸곳 · 도서출판 정한책방

출판등록 · 2019년 4월 10일 제446-251002019000036호
주소 · 충북 괴산군 청천면 청천10길 4
전화 · 070 - 7724 - 4005
팩스 · 02 - 6971 - 8784
블로그 · http://blog.naver.com/junghanbooks
이메일 · junghanbooks@naver.com

ISBN 979-11-998391-1-3 (03300)

두만강과 압록강엔
국경선이 없다

만주와 \ 한반도를 / 잇다 \

강주원 지음

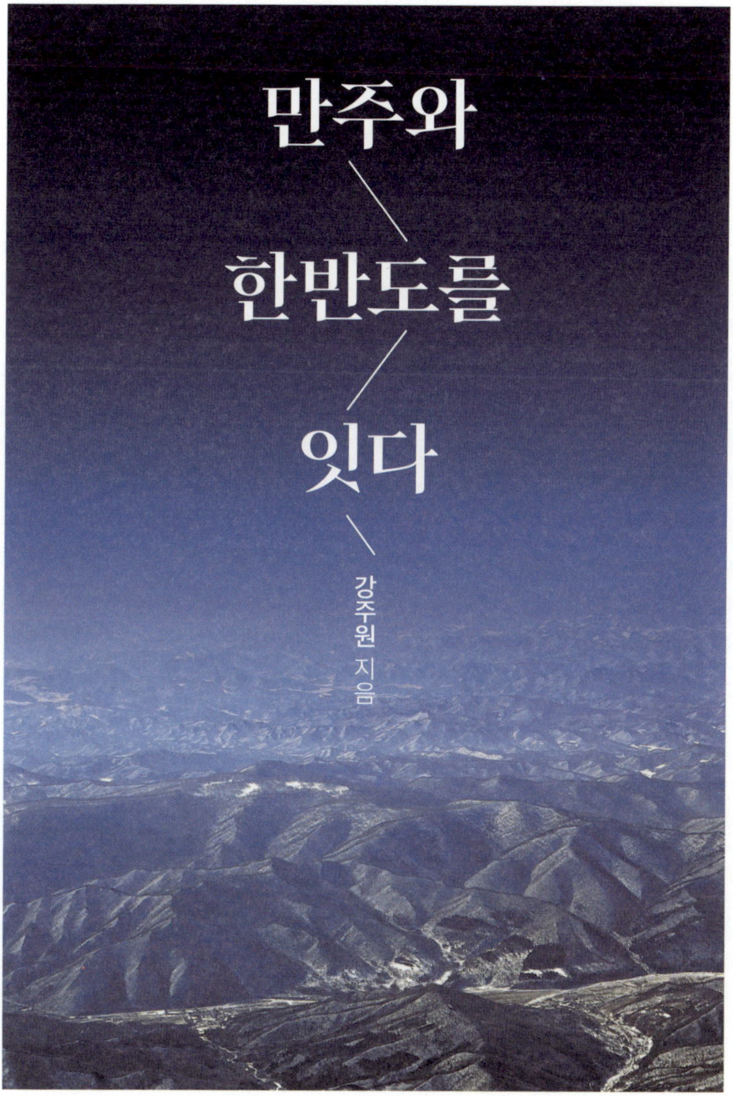

정한책방

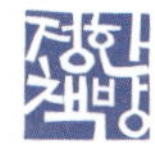

일러두기

* 이 책은 2024년 1월《창비 주간논평》에 A4 용지 4페이지 분량으로 실린「코로나19 시기에도 압록강은 멈추지 않았다」라는 기고문을 바탕으로 저술되었다.

* 이 책은 저자의 박사 논문(2012)과『나는 오늘도 국경을 만들고 허문다』(2013),『압록강은 다르게 흐른다』(2016),『압록강은 휴전선 너머 흐른다』(2019),『휴전선엔 철조망이 없다』(2022)를 잇고 있다. 그렇다고 해서 이 책을 읽는 데 위의 책들에 대한 이해가 필수는 아니다.

* 이 책에 등장하는 북한·중국·한국은 약칭과 가나다순으로 나열함을 원칙으로 했다. 다른 지명과 인명도 가능한 이를 지켰다. 예컨대 만주와 한반도, 송몽규와 윤동주 순으로 나열했다. 다만 중·조 국경은 예외다. 중국의 국경 지역에서 연구했다는 점을 고려했다.

* 남과 북을 중립적으로 지칭하기 위해 2000년 한국의 언론사 기자협회, PD협회 등이 공식적으로 사용하기로 한 용어는 남측과 북측이다. 하지만 이 책에선 주로 북한과 한국을 사용했다. 이는 한국 사회에서 출판된다는 사실과 사용하는 공식 언어와 현실 언어 사이에 괴리가 있음을 참고했다. 한국 사회는 좁은 의미에서 남북 교류와 만남에 관련이 있거나 관심 있는 사람과 만주와 한반도의 역사에 관심이 있는 사람을 지칭하는 의미로 사용했다.

* 이 책에 수록한 사진은 2000년부터 2025년까지 저자가 촬영한 것이다.

* 책명은 겹낫표(『 』)로, 장·절·논문은 홑낫표(「 」)로, 신문·영화·잡지·방송 등은 쌍꺾쇠(《 》)로, 그 하위 항목은 홑꺾쇠(〈 〉)로 묶어 표기했다. 인용 등은 큰따옴표(" ")를 사용하여 표기했다.

* 외국어 및 외래어, 인·지명 표기 등에 대한 기준은 이 책의 1부「긴 세월: 이것저것 살펴야 하는 상황」에서 구체적으로 언급하였다.

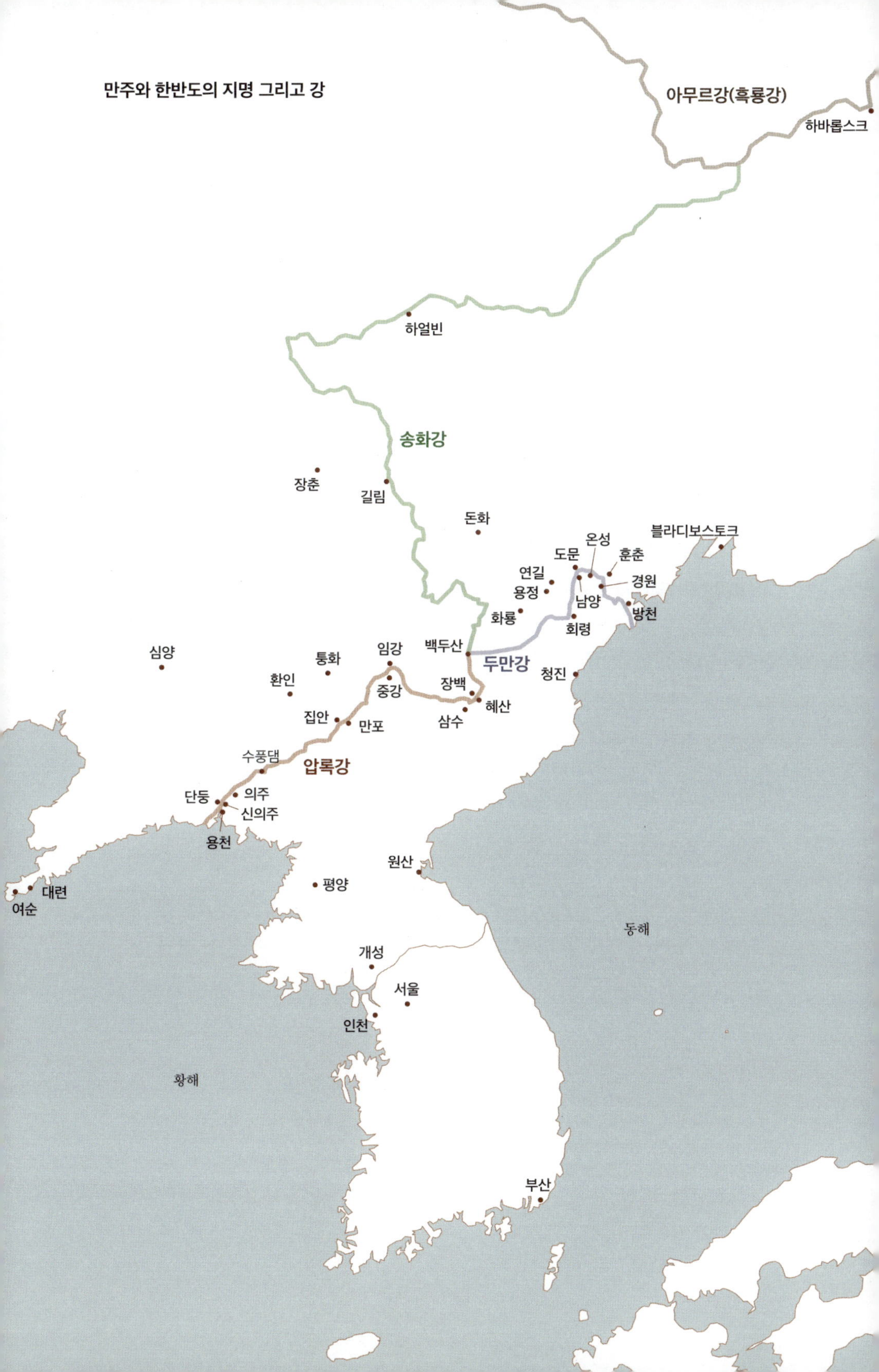

만주와 한반도의 지명 그리고 강
아무르강(흑룡강)
하바롭스크
하얼빈
송화강
장춘
길림
돈화
온성
블라디보스토크
도문
훈춘
연길
경원
용정
남양
화룡
방천
회령
심양
임강
백두산
청진
통화
두만강
환인
중강
장백
집안
혜산
만포
삼수
수풍댐
압록강
단둥
의주
신의주
용천
원산
대련
여순
평양
동해
개성
서울
인천
황해
부산

두만강·압록강·백두산의 밖과 안: 만주와 한반도 기록하기

코로나19 이후, 만주행 비행기를 타다

대학원 첫 학기를 마친 2000년 여름부터다. 나는 연구 현장인 만주에 가고자 한반도를 벗어나곤 했다. 두만강과 압록강에 발을 담갔다. 그렇게 그 강을 사이에 두고 펼쳐지는 남북 교류와 만남의 길을 나름 묵묵히 걸었다. 이 여정은 3년을 주기로 세 권의 책에 기록했다.[1]

2020년 이전 만주에서 두 강과 보낸 세월과 횟수다. 압록강을 사이에 두고 북한 신의주를 마주 보고 있는 도시, 중국 단둥에서 15개월 동안 참여관찰을 했다. 단기 답사로 45번을 다녔다.[2]

---

1 강주원, 2013, 『나는 오늘도 국경을 만들고 허문다』, 글항아리, 강주원, 2016, 『압록강은 다르게 흐른다』, 눌민, 강주원, 2019, 『압록강은 휴전선 너머 흐른다』, 눌민.

그 이후에도 마음만 먹으면 그 길을 걸을 수 있고 걷다가 멈춰서 두만강과 압록강을 바라볼 여유를 누릴 줄 알았다. 짧은 생각이었다. 2020년부터 만주와 한반도를 가로지르는 두 강변에서의 경험은 멈춰버렸다. 코로나19 때문이었다.

그 세월이 3년 남짓 흘렀다. 그러나 그때 또 다른 현장이 나에게 다가왔다. 임진강과 한강 하류의 풍경 속에 녹아든 사람 사는 모습을 2022년 네 번째 책 『휴전선엔 철조망이 없다』에 남겼다.

그러면서 언제든 만주로 인류학 가방을 메고 46번째 길을 떠날 준비를 했다. 2023년 5월 코로나19 종식 선언이 들리자마자 복수 비자를 신청했다. 그해 여름부터 여권에 도장 찍기를 다시 시작했다. 20년 넘게 이어온 두만강과 압록강 여정을 재개했다. 한 번씩 다른 목적지를 더하기도 했다. 그때는 혼자가 아닌 동학 또는 길벗과 더불어 만주 이곳저곳을 다녔다.

그런데 만주가 익숙한 듯하면서도 낯설었다. 난처했다. 동행한 이들 앞에서 무지와 부족함을 감춰야 했다. 박사과정 때 잠시나마 만주 연구를 고민했던 수준에서 벗어나고자 서재에 파묻혀 있던 책을 읽었다. 그렇게 1년을 보냈다.

언젠가부터 북간도로 가는 비행기에서 남북 교류와 만남이 아닌 다른 내용도 적고 있었다. 무심히 좌석 앞 화면이 가리키는 비행기 노선

2　강주원, 2022, 『휴전선엔 철조망이 없다』, 눌민, 5~6쪽.

북간도로 향하는 비행경로가 언제쯤 휴전선과 개마고원을 가로지르게 될까? 이 물음은 만주와 한반도를 함께 바라보려는 내 여행의 화두다. (2025년 7월)

과 창밖 아래로 스쳐 가는 구름과 바다와 육지를 바라보았는데 그 풍경에 녹아 있는 역사와 인물이 하나둘 눈에 들어왔다. 그 기억을 놓치지 않으려 비행기에서 썼던 글에 살을 붙여 컴퓨터로 옮겼다. 그 가운데 일부다.

나는 가급적 날개에 시야가 가려지지 않는 오른쪽 맨 뒤 창가 좌석을 선택한다. 압록강과 백두산 그리고 또 다른 산하를 볼 수 있을지 모른다는 기대 때문이다. 인천공항에 도착하면 휴대폰의 구글 지도를 연다. 육지에만 존재하는 휴전선이 바다에 여전히 그어져 있다. 이는 오류인데 바뀌지 않는다. 탑승하여 좌석 화면을 켜고 약 두 시간의 비행경로를 살폈다. 인천에서 연길(옌지)까지는 653킬로미터다. 휴전선과 개마고원을 통과하는 방식이다. 언제 가능할까? 답답하다.

내 바람과는 달리 비행기는 계속 서쪽 바다로 향한다. 처음 확인했던 비행경로와 다르다. 이륙 후 20분쯤 지나서야 비행기는 북쪽으로 기수를 튼다. 30분 넘게 날았는데 만주 도착지까지는 770킬로미터가 남았다. 오히려 멀어졌다.

섬이 보인다. 비행기는 대련(다롄)과 단둥 사이의 상공으로 접어들었다. 1842년 김대건이 책문으로 가던 길 위를 지난다. 100킬로미터 넘게 떨어진 단둥과 신의주가 시야에 들어온다. 1919년 김산과 이미륵이 압록강 하류를 건넌다. 김구가 탄 배가 단둥을 떠나 상해(상하이)로 항해한다.

비행기는 두 시 방향으로 선회하여 단둥과 심양(선양) 사이를 관통한다. 서간도다. 1780년 박지원이 말을 타거나 걸어간다. 몇 분 만에 고구려 첫 도읍지, 졸본성이 있는 통화다. 이쯤에서 구름 한 점 없이 맑은 만주 산하를 카메라로 찍곤 한다. 당연히 계절마다 느낌이 다르다.

저 골짜기마다 새겨진, 그러니까 한반도를 떠나 살아가던 이들의 삶을 여전히 잘 모른다. 부끄럽다. 저 멀리 구름 아래로 광개토대왕비와 장수왕릉을 끼고 흐르는 압록강 중류 그리고 한반도 북녘 산하가 숨어 있다. 구름이 얄밉다.

이륙한 지 80분쯤 거대한 물줄기가 대지를 휘감아 도는 모습이 보인다. 송화강이다. 1919년 김원봉이 봤던, 백석 시에 또 다른 이름인 "숭가리"로 표현된 강이다. 백두산 천지부터 저 강을 따라 1,960킬로미터를 누벼보고 싶다. 압록강 바로 위를 비행기가 가로지르는 꿈을 꾼다. 그러나 2024년 전후의 답답한 남북 관계를 뒤돌아보면 그 소망이 멀게만 느껴진다. 이 현실이 야속하다.

길림(지린)에서 비행기는 네 시 방향으로 돌렸다. 화면엔 시계 방향으로 날아온 비행경로가 그려진다. 지난 겨울, 서간도에서 북간도 상공을 지나갈 때다. 어림잡아 150킬로미터 너머에 솟은 백두산 자태를 확인했다. 나중에 이를 말하니 사람들이 믿지 않았다. 산자락이 흐릿하게 찍힌 사진을 보고서야 인정했다.

소설『토지』속 1910년대의 서희와 길상, 1920년 봉오동과 청산리 골짜기, 1930년 전후 송몽규와 윤동주와 문익환의 용정(룽징)을 눈에 담고 싶으나 안내 방송이 막는다. 북간도를 20분은 더 감상할 수 있건만 곧 착륙하니 창문을 닫으라고 한다. 두만강 내려다보기는 원천 봉쇄다. 비행기 안, 여기저기서 불만이 쏟아진다. "중국이란 나라 참 이상하다." 등이다. 이때 옆에 앉은 친구가 한마디 건넨다. "한국도 군부대의 보안 이유로 똑같이 하는 공항이 있습니다." 이내 조용해진다. 그가 고맙다.

구름이 옅게 낀 날이면 비행기 창밖으로 신흥무관학교의 통화 일대나 송화강이 흐르는 길림 언저리가 눈에 들어온다. 그곳에 살았던 이들의 삶을 더듬으며 그들에게 말을 건넨다. 이런 찰나를 놓치지 않으려 여행 내내 이동 중에도 잠을 아낀다. (2023년 11월, 2024년 2월)

들어가는 말

이런 메모하기를 반복하다가 멈추고 공항을 빠져나왔다. 하늘에서 마주했던 지역과 인물을 만나는 여정이 기다렸다. 비행기 길은 예습이고 버스 길은 실전과 복습이었다. 북간도, 백두산, 서간도를 다니며 궁금해진 내용은 한국에 돌아와 자료를 찾으며 하나둘 채워나갔다.

지인과 시민 단체가 만주로 가기 전 자문을 부탁하면 도왔다. 같이 가고자 일정을 조정했다. 덤은 있었다. 나는 한 번 더 두만강과 압록강변을 걸었다. 만주에 가는 이유는 그것으로 충분했다. 그러다 보니 2023년 8월부터 2025년 12월까지 만주행 비행기를 탄 횟수가 25번이다.

한동안 망설였다. 지금까지 낸 네 권의 책에서 참여관찰을 통해 남북 교류와 만남을 다루었던 나에겐 외도의 길임을 알았다. 만주 자체엔 무관심했기에 알고 있는 내용이 얇았다. 넓은 만주를 기록한다는 것이 벅차다는 생각엔 변함없었다. 그럼에도 두 강과 함께 만주를 책에 담고 싶은 욕심을 누르지 못했다. 어느 날부터인지 모르겠다. 내가 다녔던 만주 여정을 목차로 엮어내기 시작했다.

인류학자의 관심사:
그들은 언제 강을 건넜을까?

코로나19로 인한 3년 넘는 공백 끝에 두만강과 압록강을 마주하자 마음이 급해졌다. "두 강 언저리에서 어디를 가고 무엇을 봐야 할지 머릿속으로 수십 번 쓰고 지우기를 반복"[3]하며 정리해 둔 연구 계획을 현장에서 채울 생각만 했다. 그렇게 2023년 여름 세 번을 찾아갔다. 두 강과 국경 지역의 삶을 들여다보기에 빠듯했다.

밀린 숙제하기도 바쁜데 가을로 접어든 두만강과 압록강이 심술을 부렸다. 또 다른 길을 가라고 가리켰다. 만주가 새삼스럽더니 두 강에 얽힌 옛이야기가 자꾸만 말을 걸어왔다.

귀 기울이다 보니 호기심이 생겼다. 역사를 장식하는 인물들이 몇 살 때 두만강 혹은 압록강을 건너 만주로 갔을까? 그때 그들은 어떤 감정을 느꼈고 무슨 경험을 했을까? 그들과 내가 봤던 두 강의 풍경이 무엇이 같고 다른지도 알고 싶어졌다. 나는 두 강의 현재뿐 아니라 역사의 길로 들어가고 있었다.

일제강점기 압록강 하류를 넘나들던 사람들은 그 물줄기 앞에서 어떤 마음이었을까? 그들에게 압록강은 훗날 한국 사회가 상상하는 국경이었을까? (2025년 6월)

---

3   강주원, 2022, 『휴전선엔 철조망이 없다』, 눌민, 255~256쪽.

1910년 전후다. 자신의 인생을 걸고 만주로 향한 사람들이 있었다. 1867년에 태어난 이회영은 40대 중반인 1911년 1월 압록강을 건넜다. 신흥무관학교 터가 될 서간도로 약 280킬로미터 길을 걸었다. 이회영보다 한 해 늦은 1868년에 홍범도가 태어났다. 1908년 전후 40대 초반 압록강을 등지고 오지의 대명사인 삼수갑산을 날아다니며 일본군과 맞섰다. 이후 그는 만주로 떠났다. 이들보다 띠동갑가량 연하인 안중근은 1879년에 태어났다. 20대 후반인 1908년 두만강을 넘어 한반도에서 전투를 치렀고 다시 북간도와 연해주로 갔다. 다음 해인 1909년 10월 만주 하얼빈으로 향했다.

뒤늦게 역사 길을 걷는 재미가 붙었다. 나는 두만강과 압록강과 만주에서 송몽규, 윤동주, 문익환, 홍범도, 백석, 박지원, 김대건, 김구, 안중근, 이회영, 이미륵, 김산, 손기정, 나혜석, 김준엽, 장준하, 이회영과 문익환 가족에게 인사를 건넸다. 소설『토지』의 서희와 길상, 백석과 윤동주의 시와 동행했다. 갈림길 혹은 쉼터마다 김원봉, 김알렉산드라, 이상설, 이상룡, 유인석, 최재형, 이육사, 신채호, 양세봉, 박은식, 한용운, 신흥무관학교 졸업생들이 나를 기다렸다.

잊지 않았다. 그들이 언제 두만강과 압록강을 건넜는지를 파악하고자 노력했다. 흩어져 있는 기록의 조각을 맞춰 나갔다. 이는 인류학자의 개인적인 관심사라고 생각했다. 학창 시절 인물 연보나 시대 연표를 외우는 이유를 몰랐다. 그런데 그 연장선 위에 있었다.

역사의 늪으로 들어갈수록 두 강을 건너고 넘나든 인물들의 행동이

한국 사람이 압록강 상류에 발을 담그고 북한 사람과 마주한다. 중류에선 북녘 산하를 멍하니 바라보고 하류에선 양쪽 강변을 응시한다. 이 체험은 일제강점기 전후 이곳을 지나간 이들과 어떻게 같고 다를까? (2014년 8월, 2014년 8월, 2013년 2월)

만주와 한반도 역사와 맞물려 있었다. 시대가 다르기에 같은 나이라 해도 감당할 수 있는 삶의 무게는 다르다. 그 사실을 알면서도 그 시절을 살아가던 이들의 연령대가 의미 있게 와닿았다.

두만강과 압록강은 1992년 한·중 수교 전후부터 남북 교류와 만남을 잇는 또 다른 길이자 길목이다. 1950년 전엔 각자의 목적과 꿈을 품은 이들의 넘거나 넘나드는 발자취도 지켜봤다. 두 강의 기억이 한국 사회와 남북 평화에 던지는 화두는 있을까? 무엇일까?

두 강을 건너 만주로 가던 여정에 부딪힌 인물들의 경험은 남북 평화로 가는 여정과 비슷했을까? 달랐을까? 그들이 걸어갔던 길에 대한 기록이 있는 그대로 한국 사회에게 전해졌을까? 어느 순간부터 왜곡되어 다르게 받아들여지고 있는 것은 아닐까?

"과거는 현재를 거쳐 미래로 흐른다."라는 표현이 있다. 그런데 슬며시 내 머릿속엔 이 문장 앞에 두 강과 사람들의 이름이 붙기 시작했다. 한 인물이 넘나들었던 두만강과 압록강의 과거는 현재를 거쳐 미래로 흐른다. 그들은 강변에 서서 선택의 순간을 맞이했다. 강을 건너며 내린 결정에 따라 이후 삶이 달라지곤 했다.

시대 흐름에 발맞추거나 거슬러 걸어간 길, 인생이 순탄해지거나 험난해진 길, 흔적이 남거나 지워진 길 등이 보였다. 그렇다고 그들이 걸어갔던 길을 과장해 포장하고 싶지 않았다. 그저 "강을 건넜다.", "만주에 갔다."처럼 한 줄로 요약되는 그 길에 이야기 보따리를 매단 이정표 한두 개를 덧붙이고 싶었다.

남북 교류와
만남의 길을 따라서

나는 남북이 이어가고 있는 또 다른 길을 기록했다. 예를 들면 "단둥-압록강-신의주의 경로를 통하면 물건이 서울에서 평양까지 이틀이면 도착한다."[4] 등의 현장이 그것이다. 한편으론 인류학 가방에 휴전선과 38선 넘나들기 흔적을 그린 나만의 지도도 함께 챙겼다. 2005년 한 해만 해도 약 4만 6,000명이 개성공단과 금강산이 아닌 북한의 다른 지역을 방문[5]했으나 그 길을 걸었던 후기가 한국 사회에 그리 많이 남겨지지 않았다.

그래서 이런 자료가 보일 때마다 모았다. 예상치 못한 책에서 남북 왕래의 길을 발견하기도 했다. 『줬으면 그만이지』 주인공, 김장하의 4박 5일 북한 방문기다. 시기는 2007년 6월이다. 노무현 대통령이 평양을 방문했던 2007년 10월 전의 여행이다.

아침 7시에 평양 공항을 고려항공으로 출발하여 1시간 만인 8시에 양강도 삼지연 비행장에 도착하여 대기한 버스로 백두산으로 향하였다. [⋯] 평양에서 아침 식사하고 서울에서 점심 식사하고 진

4　강주원, 2019, 『압록강은 휴전선 너머 흐른다』, 눌민, 24쪽.
5　강주원, 2019, 『압록강은 휴전선 너머 흐른다』, 눌민, 142쪽.

　　　　　　　　　　　　　　　　　　　　　　들어가는 말

주에 와서 저녁 식사를 해도 해가 남는다.[6]

이 책엔 평양을 출발해 하루 만에 백두산을 다녀온 내용이 보인다. 강연에서 늘 강조하는 말이다. 문재인 대통령이 백두산을 간 2018년 이전에도 한국 사람이 북한 쪽에서 천지를 본 사례는 한둘이 아니다.

위 인용문의 마지막 문장은 미래에 있을지도 모를 일이 아니다. 2007년 전후 이미 있었던 일 가운데 하나다. 한국 사람인 김장하가 북한 관광을 갔을 당시의 마지막 날 여정이다. 그는 아침에 금강산도 개성도 아닌 평양에서 출발했다. 아직 해가 저물기 전에 서울을 경유하여 한반도 남쪽 끝자락인 진주로 돌아왔다. 이처럼 남북 관계의 현실 속엔 이런 길이 존재했었다.

2025년은 광복 80년을 맞이한 해다. 이때 동강이 나게 끊어 가름의 뜻인 분단이란 단어는 빠지지 않는다. 가령 "올해 행사는 광복 80주년과 분단 80년을 함께"[7] 등이다. 그렇지만 1945년 8월의 해방 직후부터 남북이 분단의 길로 곧바로 직행하지 않았다. 남북의 교류 행렬은 시차를 두고 다양하게 이어졌다.

1950년 6월 22일 165차 교환을 끝으로 중단되었다. 4년 3개월

6   김주완, 2023, 『줬으면 그만이지』, 피플파워, 295~304쪽.
7   《뉴스1》 2025년 9월 29일 자, "이산가족의 날 기념 시민참여 문화행사 개최"

동안 오간 우편물은 북한행 192만 2,180통, 남한행 96만 3,751통이었다. 남한에선 남북 간에 오가는 우편물을 38 우편물이라 불렀다.[8]

이를 실어 나른 교통편은 우편 기차다. 1946년 3월부터 1950년 6월까지 약 300만 통의 우편물이 38선을 넘나들었다. 165번의 차편이 남북에서 서로를 향해 출발했다.

2023년 여름부터 만주와 한반도의 길을 걸을 때면 위에서 언급한 두 사례를 염두에 두었다. 한국 사회에서 이를 기억하는 이가 얼마나 될까? 1945년 8월부터 분단 시계만 보다가 놓치고 있는 사실은 무엇일까? 이런 질문을 던지며 낯선 곳에서 나를 만나는 인류학 길을 떠났다.

압록강 하류 단둥에선 평양 사람이 한국 지명을 내건 식당을 찾는다. 서울 사람은 대동강맥주와 북한 생수를 마신다. 대한항공과 고려항공 승객은 만주의 심양 공항 라운지를 함께 쓴다. 한반도 사람과 물건이 중국과 만나는 길을 지도 위에 어떻게 그릴까? (2025년 9월)

---

8 《주간경향》 2015년 1월 19일 자, "남북 우편 교류 어게인 1946"

그 여정에서 코로나19 시기에도 압록강은 멈추지 않았음을 깨달았다. 압록강의 다리 위에서 외형이 비슷해진 단둥과 신의주를 한 장면에 담았다. 위화도는 달라지고 있었다. 하지만 북한을 바라보는 한국의 편견은 그대로였다. 남북이 동행한 길이 두만강과 압록강에 있고 이어지고 있는데, 두 강은 그 궤적을 품고 변함없이 흐르고 있는데 한국 사회는 단절과 분단의 길만 걸어왔다고 말한다.

이를 기록하며 나는 넓겐 만주와 한반도, 좁겐 남북이 나아갈 교류와 공존과 평화의 길을 찾고자 했다. 그때마다 두만강과 압록강은 속삭인다. "길은 신작로만 있는 것이 아니다. 이미 수많은 이가 오갔던 물길이 길다. 그 길을 걷는 사람이 더 많아지면 길은 넓어지고 만주와 한반도 곳곳으로 통한다."

그렇다. 두만강과 압록강의 물길은 양쪽 강변을 이으며 만주와 한반도 사이를 쉼 없이 흐른다. 휴전선엔 철조망이 없듯 북한과 중국을 가로지르는 두 강엔 인간이 만든 국경선도 없다.

2026년
두만강·압록강·백두산의 밖과 안인
만주와 한반도 길을 걷고 있는 강주원

4부
만주와 한반도의
길을 묻다

나가는 말

2013년, 2016년, 2019년, 2022년 그리고 2026년 기록을 마치면서

참고문헌 · 262

두만강, 압록강, 백두산, 만주에서 나를 만나다

1장

만주,
어디까지 가 봤니?

시대도 다양한
넓디넓은 만주

코로나19 이전이다. 연구 목적으로 20년 남짓 백두산과 두만강과 압록강 일대만 다녔다. 하얼빈은 박사 논문의 주제를 찾아서, 장춘(창춘)은 동학들과 여행 삼아서, 길림(지린)은 기차로 이동하면서 스쳐 지나갔다. 물론 두만강과 압록강에 갈 때 대련(다롄), 심양(선양), 연길(옌지)은 길게 머물곤 했다.

나는 만주에 갔으나 만주를 들여다보지 않았다. 바깥으로 눈을 돌려 두만강과 압록강과 그 너머의 한반도를 알아갔다. 사람들이 나를 "만주 전문가"라고 부르면 민망했다. "만주는 넓어요. 못 가 본 지역이 대부분이죠."라고 답하면서 웃고 넘겼다.

　　길벗과 두만강 혹은 압록강 언저리를 다닐 때면 그들의 표정과 대화를 살피고 듣는다. 그들이 그리던 만주의 모습이 아니란다. 강주원은 이미 만주에 왔다고 말하는데 2008년 개봉한 영화《좋은 놈, 나쁜 놈, 이상한 놈》에서 말 달리던 아득한 들판 또는 김광석이 목 놓아 부른 노래 〈광야에서〉의 "광활한 만주 벌판"은 어디에 있는지 보이지 않는다. 창밖으로 펼쳐지는 풍경은 한반도 산하와 닮아도 너무 닮았다. 인천공항부터 두만강과 압록강을 넘으면 만주 벌판이란 책들을 읽었다며 드디어 간다고 들떠 있던 그들은 당황해한다.

　　그러다가 한반도에서 서울과 부산의 거리보다 먼, 명칭도 낯선 만주 북쪽 도시들로 기차를 타고 갈 때에서야 그들이 상상하던 지평선과 마주친다. "와 만주 벌판이다."라고 외치다가 대다수는 조용해진다. 이 지역과 한국의 연결 고리를 찾지 못해서인지 고개를 갸우뚱한다. 이때

비행기 창밖 북간도와 백두산 윤곽을 담았다. 한눈에도 그곳은 벌판이 아니다. 한국 사회가 떠올리는 만주벌판의 전형은 장춘과 하얼빈 사이에 있다. 그러나 그곳은 두만강과 압록강 언저리와는 거리가 멀다. (2024년 2월, 2025년 8월)

를 놓치지 않고 나는 "만주는 생각보다 넓죠."라는 추임새를 넣는다.

때론 다른 말을 보태는 상황을 만난다. "일제강점기 할아버지가 만주에 있었다."라고 누군가 회상하면 나는 "언제죠?"라고 묻는다. 그럼 많은 이들이 "1940년대 전후 독립운동을 하셨다고 아버지에게 들었다."라고 답한다. 이번엔 "만주에 간 시기마다 동기는 다양합니다."라고 말하고 화제를 돌리곤 했다.

이유는 내가 아는 범위에서 한반도에서 만주로 간 사연이 시기마다 달랐고 설명하기도 복잡했다. 간단하게 말할 엄두가 나지 않았다. "중국 동북 지역인 만주는 19세기부터 20세기에 걸쳐 우리 동포들의 삶의 현장이자 항일운동의 요람" 등으로 서술된 비슷한 문구를 보면 "만주는 넓은데, 19세기와 20세기는 긴 세월인데, 만주 전체가 항일운동 요람은 아니었는데."라고 메모했다.

그러나 매번 이렇게 넘길 수만은 없었다. 그래서 한반도에서 한 인물이 언제 어떤 이유로 만주에 갔는지를 살펴볼 때 참고할 기준을 간추렸다. 1900년 이후 만주에서의 전쟁과 시대를 정리했다. 러일전쟁 1904년 2월~1905년 9월, 만주사변 1931년 9월~1932년 1월, 중일전쟁 1937년 7월~1945년 9월, 만주국 1932년 3월~1945년 8월 등이다.

들여다볼수록 만주만 놓고 볼 것이 아니었다. 일본과 한반도가 얽히고설켜 있었다. 1905년 러일전쟁 전후 한반도에서 만주로 향한 이들은 청나라만 경험한 것이 아니었다. 일본이 한반도 너머에서도 기다리고 있었다.

1932년 만주라는 단어에 "국"이란 글자 하나만 더해 만주국이 세워진 것이 아니었다. 일본 관동군이 "1933년엔 10만여 명, 1941년엔 70만여 명"[9]이 주둔하던 지역이었다. 1940년 전후 한반도를 떠난 사람들이 만난 만주는 한반도와 별반 차이가 없었다. 1937년 시작된 중일전쟁 당시, 중국 대륙과 만주에 있던 이들의 심정을 헤아린 글이다.

베이징을 점령하고 1937년 12월에는 난징과 상하이를 점령하고, […] 일본 제국주의에 맞서 연대하던 중국이 속절없이 무너지고, 중국이 조선처럼 일본의 점령지가 되는 걸 직접 눈으로 본 중국 체

---

9 곽승지, 2018,『중국 동북 지역과 한민족』, 모시는 사람들, 52쪽.

류 조선인은 더욱 절망스러웠을 것이다.[10]

1910년 전후부터 만주로 향한 이들을 이해하고자 시작한 공부는 끝이 없었다. 일본이 간도를 청나라 땅으로 인정한 1909년의 간도협약이 눈에 들어왔다. 이를 기점으로 두만강과 압록강을 건너 간도로 발을 내디딘 사람들의 상황이 달라졌다.

이와 더불어 역사를 거슬러 올라가 백두산정계비를 세운 시기, 만주 이주를 금지한 청나라의 봉금령 해제 전후를 따져야 했다. 조선의 기근과 가뭄은 언제 있었는지도 고려해야 했다. 그래서 기본적으로 다음을 외웠다. 백두산정계비 1712년, 봉금령 1628년~1875년[11], 한반도 기근 1860년대 전후 등이다.

최소한 이 조건들을 함께 살펴야 한반도에서 만주로 떠난 이들의 동기가 구체적으로 다가오고 그 시절을 살았던 인물의 삶과 선택이 입체적으로 드러난다. 알아야 할 것이 더 있다. 한반도가 일제강점기를 겪고 있을 때 만주의 도시 명칭이 바뀐 사례다. 이는 시대 변화를 말하기 때문이다. 이를테면 같은 장소라 하더라도 만주 장춘과 만주국 신경은 그곳을 찾아간 이들에게 각각 다른 의미로 다가왔을 것이다.

이렇듯 일제강점기에 만주로 간 인물은 언제 갔는지에 따라 다른 분

---

10 이욱연, 2024, 『홀로 중국을 걷다』, 창비, 57~59쪽.
11 심용환, 2019, 『단박에 한국사(근대편)』, 위즈덤하우스, 353쪽.

위기를 느끼고 변한 공기를 호흡했다. 이런 점들을 고려하지 않고 단지 독립운동을 하기 위해 한반도를 떠나 도착한 지역이라고 한두 줄로 요약하기엔 만주는 넓고 시대 또한 복잡하게 얽혀 있었다.

예를 들어 2015년 개봉한 영화《암살》의 포스터 문구는 "1933년 조국은 사라지고 작전이 시작된다."이다. 여기에 만주의 상황까지 살피면 의미가 깊어진다. 이 영화의 시간적 배경인 1933년은 한반도에선 일제강점기였고 만주에선 일본에 의해 만주국이 세워진 다음 해이다. 23년 전 이미 조국은 사라졌고 만주와 한반도 어디에도 몸 둘 곳이 마땅치 않던 시대를 살아간 사람들의 이야기였다.

한반도를 떠난 이들:
각자의 목적과 꿈을 품고

나 스스로 과연 한반도에서 만주로 떠난 이들에 대해서 얼마나 알고 있는지 궁금했다. 1860년대 함경도와 평안도 지방에 큰 가뭄이 들었고 그 여파로 사람들이 두만강과 압록강을 건넌 사례를 대학 교양과목 시간에 배웠다. 만주 사전 답사를 다닐 때 들고 다녔던 보고서를 꺼내 보니 공부한 흔적이 있었다.

1845년 조선 평안북도 초산군의 80여 세대 농민들이 현재 길림성에 속해 있는 통화와 요녕성에 속해 있는 관전의 훈강 유역에 이주

하여 황무지를 개간하여 벼농사를 지었다.[12]

이 대목 옆에 "청나라의 봉금령 해제가 1870년대 중반이고 북간도 이주는 1860년대로 기록한 책들이 있는데 이전에 서간도로 넘어갔다!"라고 적어 두었다. 몇 장을 넘겼다. 이번엔 "1990년대 중후반의 압록강 풍경, 흥미롭다!"라는 메모가 있었다. 그 지역이 서간도에 속하는 단둥이다.

평양과 북경을 잇는 국제열차가 지나가는 곳으로서 신의주와 압록강을 두고 대면하고 있다. 국경무역이 성하며 평안도를 거쳐오는 북한 사람이 중국으로 들어오는 관문이며 중국인과 조선족 동포가 북한을 방문하기 위한 관문이기도 하다. 호텔에는 신의주까지의 관광을 알선해 준다는 광고도 붙어있으며 매일 나무나 해산물을 싣고 와서 식량으로 바꾸어서 돌아가는 북한 트럭들의 긴 행렬이 압록강 다리를 채우고 있고 물건 보따리를 잔뜩 진 친척방문 후 귀국하는 북한 사람과 북한 친척을 방문하려는 조선족 동포의 모습으로 바쁜 곳이다.[13]

---

12 김광억 외, 1997, 『중국 요녕성 한인동포의 생활문화』, 국립민속박물관, 50쪽.

13 김광억 외, 1997, 『중국 요녕성 한인동포의 생활문화』, 국립민속박물관, 24쪽.

인류학 기록을 떠나서 "평양과 북경을 잇는 국제열차", "국경무역",
"관문", "압록강 다리" 등의 단어 하나하나가 호기심을 자극했던 기억
이 난다. 압록강을 단절의 강으로만 바라보던 한국 사회의 주된 시각
과 달랐다.

1945년 전후 만주 사정은 약 195만 명의 한반도 출신이 살았다는 사
실 정도만 알았을 뿐이라, 이런 부족함을 채우기 위해서 한반도를 떠
나 만주로 향한 이들의 자료를 찾았다. 다만 아래의 통계는 거주가 기
준이다. 이를 들여다볼 때 유념할 점은, 예를 들어 1910년 이후 만주에
서 태어난 이들과 그들의 자녀가 있다는 사실이다. 그만큼 일제강점기
는 긴 세월이다.

> 재만 조선인들은 1910년대 20만 명 [...] 1916년에 28만 명, 1920
> 년에 46만 명, 1930년에 60만 명, 1940년에 145만 명에 이르렀고
> 해방 당시에는 195만 명.[14]

추가로 『만주모던』엔 광복 당시 "일본인의 만주 체류는 155만 명이
고 일본 군인들을 합치면 220만 명"[15]이란 통계도 있다. 그리고 "1930
년대에 만주로 건너간 조선인은 약 70만 명 [...] 1940년 한 해에만 무

---

14   한석정, 2022, 『만주모던』, 문학과 지성사, 109쪽.

15   한석정, 2022, 『만주모던』, 문학과 지성사, 148쪽.

려 약 17만 명이 만주로 [...] 1930년대 일본인의 만주 이주도 약 66만 명"[16] 등을 주목하였다.

이 부분을 읽다가 생각했다. 1860년대부터 1920년까지 60년 남짓한 세월 동안 "46만 명"이 이주했는데 1930년대 10년 동안 한반도를 떠나 만주로 간 이들이 "약 70만 명"이다. 배우기론 독립운동가 대부분은 1910년대 전후에 만주로 갔다. 1930년대에도 이렇게 많은 이들이 독립운동의 뜻을 두고 만주로 갔나? 다른 목적과 꿈을 품고 만주로 간 이들은 없는 것일까? 한 문장이 궁금증을 풀어줬다.

항일 투쟁의 성지라는 민족주의 담론에 가려져 있지만 만주는 기실 1930년대의 많은 조선인에게 기회의 땅이 됐다.[17]

이를 언급한 한석정은 1930년대 한반도 자연재해만이 아니라 "15년간 매년 조선인 1만 호(5만 명) 자작농 이주"라는 조선총독부의 정책[18] 발표가 만주로 향한 이들의 배경 가운데 하나라고 했다. 다음은 "기회의 땅"을 향했던 군상의 삶이다.

---

16 한석정, 2022, 『만주모던』, 문학과 지성사, 110~111쪽.

17 한석정, 2022, 『만주모던』, 문학과 지성사, 68쪽.

18 한석정, 2022, 『만주모던』, 문학과 지성사, 100~101쪽.

만주는 조선인들에게 어떻게 다가왔을까? 우선 민족주의 담론, 즉 이산과 수난, 저항과 협력의 이항 대립은 만주국 건국 후 특히 1930년대 후반 이래 재만 조선인의 실제 삶을 포착하지 못한다. 이들은 만주국 관리와 아편 장수가 뒤섞인 복합적인 집단이었다.[19]

다른 연구자들의 자료도 참고해 보니 일제강점기 만주엔 독립운동가만 존재한 것은 아니었다. 다른 삶을 꿈꾼, 일본의 이주 정책을 따른, 생계형 이주를 선택한 이들도 있었다. 1930년대의 만주는 이분법적으로 나누기엔 복잡했다. 전체 이주 규모도 컸다. 두만강과 압록강을 넘는 사람들의 목적과 꿈은 시기에 따라 다양했다. 한국 사회는 이런 만주를 망각하면서 살아왔다.

만주는 오랫동안 잊힌 전설의 공간이었다. 해방 후 분단과 남북한 대치, 만주의 공산화 등 냉전 상황은 만주에 대한 기억을 깡그리 삭제시켰다. 그래서 오랫동안 만주는 무엇이든 마구 그려 넣을 수 있는 백지였다.[20]

그렇다면 두만강과 압록강은 1945년 이전 만주에 살던 약 195만 명

---

19 한석정, 2022, 『만주모던』, 문학과 지성사, 150쪽.
20 한석정, 2022, 『만주모던』, 문학과 지성사, 65쪽.

에게 어떤 강이었을까? 1930년대의 약 70만 명은 어떤 생각으로 강을 넘었을까? 질문거리는 꼬리를 물었다.

한국 사회는 두 강의 어떤 모습을 기억하고 어떤 이들의 경험을 망각해 왔을까? 가령 만주로 갈 때 건너기 위험했던 혹은 기회였던 강 가운데 무엇을 더 알아 왔을까? 어느 시기의 만주에 살았던 할아버지와 아버지 또는 역사 인물을 찾아 만주로 여행과 답사의 길을 떠나고 있는 것일까? 나는 이를 알아가기로 마음먹었다. 한국 사회가 1992년 한·중 수교 전후부터 두 강을 바라보며 남북 교류는 외면하고 위험과 단절만을 기억하는 모습과 닮았음을 함께 고민했다.

간도 또는
만주는 어디?

한국에서 두만강과 압록강의 이북 지역으로 떠나는 답사 혹은 여행은 언제부터 가능했을까? 정확하게 말하면 1992년 한·중 수교 몇 년 전부터다. 대신 직행은 아니었다. 예를 들어 "1991년 7월 [...] 중국에 다녀왔다. [...] 홍콩에 도착했다. [...] 심양에 도착했다. [...] 백두산으로 향했다."[21] 이처럼 홍콩을 경유하는 방식으로 갔다.

---

21 정인조, 2023, 『철이 덜 든 철학자』, 이분의일, 299~301쪽.

한국에선 이 지역을 어떻게 부를까? 동북 3성보단 간도와 만주란 명칭을 혼용한다. 하지만 간단히 말하면 간도보다 만주가 넓다.

간도는 두 지역으로 나눈다. 압록강 이북을 서간도, 두만강 이북을 북간도라고 부른다. 그렇다면 서간도와 북간도가 만나는 지점은 어떻게 구분하고 있을까? 흔히 백두산만을 언급하나 나는 하나 더 기준으로 삼는다.

백두산 천지에서 출발해서 북쪽으로 송화강이 흐른다. 이 강의 오른쪽은 북간도, 왼쪽은 서간도라고 감을 잡는다. 두만강 하류의 훈춘, 도문(투먼), 연길(옌지), 용정(룽징), 백두산 북쪽의 이도백하(얼다오바이허) 등이 북간도다. 송화강 오른쪽이다. 백두산 서쪽의 백산(바이산), 통화, 집안(지안), 압록강 하류의 단둥 등이 서간도다. 송화강 왼쪽이다.

이는 한국 사회에서 통용되는 간도 위치다. 참고로 이보다 넓은 영역을 표시한 지도가 있다.[22] 행정명이 아니라서 범위는 명확하지 않고 견해가 다양하다. 연구와 주장이 섞여 있어서 제각각이다.

만주의 이름과 영역은 시대마다 다르다. 청나라 이전엔 요동으로 불렸다. 만주국 시절인 1932년 이후엔 동북 3성뿐만 아니라 내몽골자치구와 하북성(허베이성) 일부까지 만주라고 했다. 한국보다 13.2배 크다. 이는 한국에서 인식되는 먼 역사 속 만주 영역과 비슷하다. 한국에선 흔히 만주라고 부르는 곳을 중국에선 동북 3성으로 말한다. 이는 길

---

22 심용환, 2019, 『단박에 한국사(근대편)』, 위즈덤하우스, 353쪽.

림성(지린성), 요녕성(랴오닝성), 흑룡강성(헤이룽장성)을 합한 표현이다. 면적은 한국의 8배가 넘는다.

한편 일본과 관련된 만주국 시대에 만주란 지명이 보편화되었다. 한국에선 이를 이어서 쓰고 중국에선 꺼린다. 이 다름을 어떻게 이해해야 할까?

나는 이 지역 일부를 4박 5일간 다닐 때면 줄여도 1,000킬로미터 정도를 빠듯하게 움직인다. 그런데 비슷한 기간 동안 만주 전역을 다 다닐 계획인 답사 일정표를 볼 때가 있다. 만주의 한 도시에서 다른 도시로 이동은 대부분 서울-부산 거리인데 서울-인천으로 착각한 듯한 내용이다.

이는 만주가 넓다는 사실부터 놓쳤다. 주마간산이 따로 없다. 그러다 보니 일정이 꼬이고 식사는 때맞춰 못 하고 밤늦은 시간 숙소에 도착하는 모습을 마주치곤 한다. 그러면 누군가 "독립운동 시절엔 더 힘들게 다녔다."라고 말한다. 과연 그랬을까?

그 시절의 만주는 한반도에서 강을 건너서 갈 수 있고 발을 디디며 살고 있는 공간이었다. 언젠가부터 만주에 대한 지리 감각이 희미해졌다. 지나온 세월만큼 쌓인 선입견과 편견으로 만주를 상상한다.

넘나들기: 도보, 배, 썰매에서
다리와 기차로

        2000년 나는 속초에서 배를 타고 연해주로 갔다. 그곳에서 중·러 국경을 넘었고 만주를 만났다. 이후엔 인천에서 배나 비행기로 압록강 단둥으로 가곤 했다. 이와는 달리 1945년 광복 이전엔 한반도 남쪽에서 만주로 가는 교통편이 더 있었다. 기차다.

언제부터 기차가 만주와 한반도를 연결했을까? 소설 『하얼빈』의 주인공인 이토는 철길과 관련된 시대 상황과 의미를 말한다. 때는 1909년 1월이다. 그해 10월의 안중근 의거가 일어나기 전이다.

조선에 깔린 철길은 서울에서 신의주로, 신의주에서 압록강을 건너서 하얼빈으로 [...] 쇠가 이 세상에 길을 내고 있습니다. 길이 열리면 이 세계는 그 길 위로 계속해서 움직입니다.[23]

미리 말하자면 이는 사실이 아니다. 2년 남짓한 세월의 간극이 있다. 경부선은 1905년 1월, 경의선은 1906년 4월에 전 구간이 개통되었다. 한반도 철도가 하얼빈까지 연결된 시기는 압록강철교 개통인 1911년 11월이다. 그때부터 만주와 한반도를 연결하는 기찻길이 열렸다.

1909년 10월 이전엔 압록강을 건너 만주로 기차를 타고 갈 수 없었

---

23 김훈, 2022, 『하얼빈』, 문학동네, 40쪽.

만주와 한반도를 잇는 다리는 1911년 압록강 하류, 1930년대 전후 두만강 중하류에 놓였다. 1992년 한중 수교 전후부터 단둥(한국 사람 포함)과 신의주 사람들은 압록강, 물안개 그리고 해와 달만을 공유하지 않는다. 그들은 삶을 나눈다. 압록강에 관한 나의 초기 인류학 현장 기록이다. (2015년 7월, 2013년 11월)

다. 철로가 한반도 신의주까지만 완공된 형편이었다. 1908년 4월 무렵 기차로 부산에서 신의주까지 약 26시간 걸렸다. 다음은 다리 완공이 만주와 한반도 연결에 끼친 변화다. 기차는 속도가 더 빨라졌고 만주 도시까지의 거리감은 계속 줄어들었다.

남대문역과 장춘역 간에 주 3회의 직통 급행 여객열차를 운행하기 시작했다. [...] 1912년 1월부터 소요 시간은 부산-안둥 19시간 20분, 부산-창춘 33시간 50분이었다.[24]

보다시피 이는 신의주까지 기차를 타고 와서 다른 교통편으로 압록강을 건넌 뒤, 다른 기차로 갈아타는 방식이 아니다. 만주와 한반도의

---

24 배은선, 2019, 『기차가 온다』, 지성사, 142쪽.

넘나들기 방식이 추가되었다. 압록강철교는 인도교를 겸했다. 사계절 기차뿐만 아니라 도보 이동이 가능해졌다.

겨울엔 도보나 썰매, 나머지 계절엔 배로 넘나들던 압록강 하류였다. 일제강점기 한반도에서 만주로 가는 기찻길은 압록강과 만나는 경의선이 처음이다. 다음으론 경성(서울)에서 1914년 개통한 경원선을 타고 가다가 1928년 전 구간 개통한 함경선을 이용하면 만주로 넘어갈 수 있었다. 두만강에 철교가 생긴 해는 1927년이다. 그러면 만주의 이쪽에서 저쪽으로 이동할 때 언제부터 기차를 이용했을까?

1901년 11월 하얼빈-수분하, 1902년 2월 하얼빈-만주리, 1903년 3월 하얼빈-여순 구간이 시범 운행되었다. 그리고 1903년 7월 모든 구간과 노선이 준공되면서 정식으로 개통하고 영업에 들어갔다.[25] 하지만 1911년 11월 이전엔 압록강을 넘자마자 만주를 기차로 이동할 수 없었다. 압록강변의 안동(단둥)에서 북쪽에 위치한 봉천(심양)까지 이어지는 약 275킬로미터 기찻길은 개통되지 않았다. 이 기찻길의 태생 비밀이 러일전쟁이다.[26] 경의선과 같다.

만주 기찻길의 역사를 알아야 한반도에서 간 이들이 만주를 어떻게 다녔는지를 역사적 사실에 바탕을 두고 그릴 수 있다. 1909년 안중근은 기차로 만주를 다녔으나 그보다 늦은 1911년 1월 이회영 일가는 서

---

25 취사오판, 박우 역, 2016, 『중국 동북 지역 도시사 연구』, 진인진, 65쪽.
26 취사오판, 박우 역, 2016, 『중국 동북 지역 도시사 연구』, 진인진, 241쪽.

간도를 도보와 마차로 움직인 까닭을 이해할 수 있다.

만주 기찻길이 생기고 연결된 시기의 자료를 추가로 모았다. 북간도는 1930년대 전후 기차가 삶 속으로 들어왔다. 기찻길 등장 시기를 하나씩 알면 그 지역의 상황이 구체적으로 드러난다.

> 1934년 한반도 남양과 만주 도문-연길-돈화의 기찻길이 완공되었다. 이는 1928년 돈화-길림과 1910년 길림-장춘의 기찻길과 이어졌다.[27] 1924년 연길-용정-개산둔 기찻길은 1927년 만주 개산둔과 한반도 상삼봉을 연결하는 두만강 철교와 만났다.[28]

그러니까 1920년 북간도의 봉오동과 청산리 지역엔 기찻길이 없었다. 만주와 한반도의 철도 배경엔 일본이 얽힌 전쟁이 있다. 문득 든 생각이다. 1911년 11월부터 한반도 사람들은 기차를 타고 만주로 갈 수 있다는 사실에 흥분했을까? 러일전쟁 때문에 혹은 덕분에 이 기차를 타고 있음은 그들의 어떤 감정을 자극했을까?

한편 한국 사회엔 대륙과 한반도를 연결하는 기찻길 복원의 꿈이 있다. 이는 반은 맞고 반은 틀렸다. 평양-청진-나진의 기찻길은 두만강을 넘어 시베리아횡단 기차를 만난다. 압록강은 평양-신의주-단둥-

---

27 취사오판, 박우 역, 2016, 『중국 동북 지역 도시사 연구』, 진인진, 244~249쪽.
28 《한국일보》 2018년 11월 22일 자, "정재정의 독사만필"

북경(베이징)의 기찻길을 잇는다. 이처럼 대륙과 한반도 북쪽을 오가는 기차는 한국전쟁과 코로나19 시기를 제외하고 쉬지 않고 달리고 있다.

긴 세월: 이것저것
살펴야 하는 상황

이 책을 준비하면서 긴 세월의 만주를 다루는 작업이 벅찼다. 먼저 부딪친 난관은 동일한 지역인데 읽은 책과 찾은 자료에 따라 지명 표기가 다른 점이었다. 한자음 표기와 외래어표기법에 따른 표기의 차이다. 그런가 하면 만주의 도시들은 시대마다 이름이 다르기도 했다. 이를 어떻게 반영해야 하고 어떻게 하면 혼선을 줄일 수 있을지 난감했다.

예를 들어 1990년대 이후를 주로 다룬 내 연구에선 단둥을 외래어 표기법에 따라 단둥으로 일관되게 표기했다. 하지만 1965년 무렵 개칭되기 전까지 단둥은 안둥으로 불렸다. 이외에도 도시마다 고려해야 하는 변수가 계속 보였다. 여러 백과사전의 내용을 간추렸다.

훈춘은 강어귀란 뜻의 만주어에서 유래했고 한자음도 훈춘이다. 하얼빈은 '그물을 말리는 곳'이란 뜻의 만주어에서 왔고 한자음은 할빈 또는 하르빈이다. 한국 사회에서도 1970년대까지는 하르빈으로 통용했다. 2026년 현재는 소설과 영화 등의 영향력으로 외래어 표기음인 하얼빈이 익숙하다.

창춘의 한자음은 장춘이다. 그런데 이 도시는 만주국 시대엔 신징이었고 한자음은 신경이었다. 만주국 이후엔 다시 창춘으로 바뀌었다. 선양의 한자음은 심양인데 명칭이 자주 변했다. 한자음으론 1634년부턴 성경, 1657년부턴 봉천, 1929년부턴 심양으로 개칭되었다. 1932년 ~1945년의 만주국 시대엔 다시 봉천이었다가 1945년 이후 심양으로 바뀌었다.

맞춤법을 지키려면 1986년에 제정된 외래어표기법을 따라야 한다. 그러나 지명은 시대를 기억하는 방식에 영향을 미친다. 이 책에서 언급되는 만주 지명은 대부분 일제강점기에 통용되던 지명이다. 2026년 현재에도 한국에선 외래어 표기음 룽징보단 한자음 용정으로 부르면서 그곳을 찾는다. 인용한 자료들엔 한자음으로 표기한 경우가 많다.

따라서 이 책에선 중국 지명을 외래어표기법을 따르지 않고 한자음 표기를 원칙으로 정했다. 소제목 아래로 지명이 처음 나올 때만 심양(선양)과 같이 한자음을 먼저 쓰고 외래어 표기음은 괄호 안에 넣었다. 다음부턴 한자음만 표현했다. 옛 지명은 괄호 안에 현재 지명의 한자음을 넣었다. 예를 들어 봉천(심양)이 그렇다. 인용문의 지명이 외래어 표기법을 따르고 있다면 본문에선 펑톈(심양)으로 표기했다.

이렇게 함으로써 만주의 지명이 익숙하지 않은 독자의 혼선을 줄였다. 한자음인 심양을 기억하면 다른 표현의 명칭이 나와도 시대만 다를 뿐 같은 도시임을 알 수 있도록 했다. 여기에도 예외는 있다. 시대에 따라 바뀌지 않았고 한국 사회에서 익숙하거나 한자음과 같거나 비숫한 하얼빈, 훈춘, 단둥, 퉁화 등은 외래어표기법을 따랐다. 책에 언급된 주요 도시를 정리했다.

> * 한자음(외래어 표기음): 용정(룽징), 심양(선양) / * 외래어 표기음: 하얼빈, 훈춘, 단둥, 퉁화 / * 옛 지명의 한자음(현재 한자음) 또는 옛 지명의 한자음(현재 외래어 표기음): 봉천(심양), 신경(장춘), 안동(단둥) / * 옛 지명의 외래어 표기음(현재 한자음) 또는 옛 지명의 외래어 표기음(현재 외래어 표기음): 펑톈(심양), 신징(장춘), 안둥(단둥)

알면 알수록 이것저것을 살피고 염두에 두어야 할 상황이 또 있었다. 1945년 광복 이전 사람들은 조선반도가 익숙했다. 하지만 한국에선 역사·지리 배경과 별도로 두만강과 압록강 이남 지역을 한반도라고 쓴다. 이를 고려하여 이 책에선 한반도로 통일했다. 경의선과 경부선 등과 달리 만주와 북한의 기찻길 명칭도 시대마다 다르거나 바뀐 사례가 있었다. 혼선을 줄이기 위해서 노선명보단 구간, 지명과 지명 사이로 언급했다.

명칭은 『역사용어 바로쓰기』[29] 등에 의지했다. 이를테면 한일합방이 아닌 한일병합이 그렇다. 출생 연도 또는 어떤 일들이 있었던 날짜 등은 〈한국민족문화대백과사전〉을 기본으로 삼았는데 참고한 자료 모두

---

29 『역사비평』 편집위원회 엮음, 2006, 『역사용어 바로쓰기』, 역사비평사.

를 각주 처리하지 않았다. 날짜는 양력을 기본으로 하고 음력일 경우 따로 표기했다.

나라(중국, 북한, 한국)마다 다른 것도 있다. 먼저 강의 길이가 차이 났다. 기준의 위치에 따라 백두산 높이가 다르다. 다리와 기찻길도 개통, 완공, 부분 개통 가운데 무엇을 선택했느냐에 따라 날짜가 자료마다 제각각이었다. 철로는 첫 개통 때와 달리 노선 변화에 따라 늘거나 줄었다. 이를 이 책에선 다 반영하지 못했다. 한국 기준을 기본으로 했고 자료마다 다른 점을 최대한 반영하도록 노력했다. 열차 명칭이 맞으나 개인적으로 여행의 의미가 느껴지는 기차 단어를 주로 사용했다.

만주에 살았던 이들의 삶과 길 안내는 기존 책과 인터넷 검색만으로도 넘친다. 여기에 나까지 보태고 싶지 않았다. 역사와 인물을 따라가는 여정은 쉽지 않았다. 정보는 풍요 속의 빈곤이었다. 잘못된 기록을 그대로 옮긴 책들을 만나곤 했다.

한 번 만들어진 오류와 왜곡은 돌이키기 어렵다. 오류 위에 오류가 또 쌓인다. 만주의 이미지와 삶이 만들어지고 가공되어 사실과 역사인 양 한국 사회 곁에 굳어 있었다. 그 길을 따라가다가 출발지로 돌아오기를 반복했다. 일단 떠났다. "낯선 곳에서 나를 만나다."[30]라는 화두를 가슴에 품고 걸었다.

---

30 강주원, 2016, 『압록강은 다르게 흐른다』, 눌민, 7쪽.

2장

낯설게 준비하기:
편견, 왜곡, 사실

만주는
늘 춥다?

만주 여행을 떠나고 싶다는 이들이 내게 하는 질문이다. "만주는 요즘 춥죠?" 이 물음을 봄과 가을은 물론 여름에도 듣는다. 내 대답은 한결같다. "생각보다 서울과 압록강 하류의 기온 차는 크지 않아요." 그들은 못 믿겠다는 표정을 감추지 않는다. 이럴 때마다 만주는 으레 춥다고 생각하는 한국 사회의 뿌리 깊은 고정관념의 배경이 궁금했다. 그 실마리를 1960년대 유행했던 영화 장르에서 찾았다.

항일 내셔널리즘을 주제로 한, 오늘날 만주 웨스턴으로 불리는 이른바 대륙물, 만주물 영화다. [...] 독립군 군자금을 두고 벌어지는 음모, 북만주의 삭풍, 설원 위 마상의 추격 [...] 만주 웨스턴의 필수 요소였다.[31]

이 연구는 옛 영화 속 "북만주의 삭풍" 또는 "설원" 이미지가 한국 사회에 남아 있다고 했다. 그 이유만으로 만주는 늘 춥단 편견이 한국 사회에 이어지고 있음을 말하기엔 부족했다. 현재진행형의 예를 찾았다. 2019년 개봉한 영화 《봉오동 전투》엔 만주를 늘 추운 곳으로 생각하는 사람들에게 생각거리를 안겨주는 장면이 있다.

"봉오동 전투는 1920년 몇 월에 있었죠?"라고 물으면 대부분 머뭇거린다. 이때 나는 주인공(유해진 분)이 영화 내내 입은 긴 외투 혹은 홍범도(최민식 분)의 옷과 모자를 생각하자고 말한다. 기다렸다는 듯이 그들은 "겨울"이라 답한다.

이 상황을 놓치지 않고 나는 "그런데 봉오동 전투는 1920년 6월 7일 하루 동안 벌어진 전투입니다. 만주도 6월은 겨울이 아닙니다."라고 마무리한다. 그들은 무엇이 잘못된 것인지 고민한다. 이처럼 나는 백 마디 말보다 만주 하면 늘 춥다고 생각하던 이들의 잘못된 편견에 금을 내는 사례로 《봉오동 전투》를 활용했다.

거기에 하나를 덧붙이곤 했다. "영화 속 홍범도가 입은 옷과 모자는

---

31 한석정, 2022, 『만주모던』, 문학과 지성사, 433~434쪽.

무엇을 참고했을까요?"라고 묻고 바로 설명한다. "1922년 2월 모스크바 영상에 그가 나오죠. 그때 이미지가 한국 사회에 알려져 있습니다. 영화가 이를 고증했으나 계절을 놓쳤습니다."

또 다른 사례가 있는지 검색했다. 2024년 개봉한 영화 《하얼빈》의 초반부 영상이 압권이라는 글을 읽었다. 어떻게 그렸는지 궁금했다. 영화 소개의 짧은 글엔 안중근 부대가 함경북도에서 일본군과 전투하는 모습을 언급했다. 실제 있었던 시기와 사실을 알고 있었기에 반가웠다.

> 1908년 7월 7일 두만강을 도강 후 [...] 9일에는 신아산까지 진출한 뒤 10일 새벽에 그곳 헌병분견대를 습격함. 연해주 의병은 7월 18일 회령 남방 약 2킬로미터 지점까지 진격함. [...] 안중근은 영산 전투 참패를 계기로 이후 연추로 귀환함. 1908년 8월 말 혹은 9월 초 정도로 짐작됨.[32]

이는 안중근의 옥중 글에서도 확인된다. 그는 "장맛비가 그치지 않고 퍼부어"[33]라고 기록했다. 2022년 개봉한 영화 《영웅》은 이 전투를 여름으로 묘사했다. 영화 《하얼빈》은 소설 『하얼빈』을 원작으로 하지

---

[32] 박환, 2020, 『블라디보스토크·하바롭스크』, 선인, 156~157쪽.
[33] 안중근, 2019, 『안중근 옥중 자서전』, 열화당, 79쪽.

않았다. 하지만 소설을 읽으면서 밑줄까지 그었던 문장이다. 안중근이 두만강을 넘나들며 겪었을 체험이 몇 줄 안에 다 들어가 있다.

> 장맛비가 며칠째 쏟아졌고 안개가 끼어서 봉우리도 골짜기도 보이지 않았다. 풀뿌리를 캐 먹고 열매를 따 먹었다. 옷을 찢어서 다친 발을 싸매고 걸었다. 닭 소리나 개 소리가 들리면 민가로 내려가 밥을 얻어먹었다.[34]

영화는 그냥 즐기면서 볼 줄도 알아야 하는데 나만의 방식으로 《하얼빈》을 볼 준비를 마쳤다. 먼저 예고편부터 봤다. 한없이 넓은 얼음 위를 안중근(현빈 분)이 걸어간다. 지명을 표현한 대사는 없었으나 전투를 끝낸 뒤 두만강을 건너는 장면으로 보였다. 눈밭 위의 전투 장면이 연달아 나왔다.

그러나 1908년 여름 이후 안중근의 행로엔 만주와 한반도를 연결하는 두만강은 없다. 영화 《하얼빈》은 1908년 한여름 장마철에 벌어진 역사적 사건을 한겨울로 바꿨다. 영화관에 가기를 접고 기사를 검색했다. 감독이 한 말이다.

> 일단 하얼빈은 대단히 춥습니다. 영하 30도까지 떨어지는 곳이죠.

---

[34] 김훈, 2022, 『하얼빈』, 문학동네, 93쪽.

이등박문도 털코트에 털모자를 쓰고 내렸어요. 그리고 저는 이 영화가 하얼빈의 추위만큼이나 좀 차갑게 느껴지길 바랐어요.[35]

맞다. 하얼빈은 춥다. 그의 말대로 "영하 30도까지" 떨어진다. 그러나 안중근이 경험한 10월 26일의 하얼빈은 그 정도는 아니다. 물론 영화에 상상력을 담는 일은 감독 몫이다. 나는 아쉽다. "동지를 모두 잃은 안중근(현빈)이 꽁꽁 언 두만강을 홀로 건너는 장면은 압도적이다."[36]라는 영화평이 대부분이기에 더 그렇다.

이는 안중근의 체험이 아니다. 그는 영화가 만들어낸 허구 인물이 아니다. 한국 사회에 설명이 필요 없는 안중근이다. 만주를 설명하는 역사책도 "겨울"과 "열악한 지역"을 강조한다.

독립운동이 단 한 번도 유리한 조건에서 진행된 적이 없거든요. [...] 만주 지역은 일교차가 보통 심한 게 아니었고 겨울에는 영하 20도 이하로 떨어지는 등 그저 살아가기에도 열악한 지역이었어요.[37]

이 또한 맞는 말이다. 하지만 만주가 늘 춥다는 인식이 강하기 때문

---

35 《조선비즈》 2025년 2월 1일 자, "당신의 '하얼빈'은 어디입니까?"

36 《경향신문》 2024년 12월 19일 자, "영화 하얼빈, 얼어붙은 두만강"

37 심용환, 2019, 『단박에 한국사(근대편)』 위즈덤하우스, 370쪽.

에 한국 사회가 놓치는 것이 있다. 이를테면 하얼빈 일대의 토질은 세계 3대 흑토 지역으로 불릴 정도로 비옥해 중국 최대의 식량 생산기지 역할[38]을 했다. 1900년대 전후 한반도에서 만주를 찾아간 이들은 추운 겨울뿐만 아니라 농사짓기 좋은 봄, 여름, 가을도 겪었다. 그렇다 보니 만주는 독립운동의 무대이자 부를 축적할 수 있는 땅이기도 했다. 한쪽만 강조하다 보면 한쪽은 망각된다.

이런 다양한 삶도 있기에 만주를 낯설게 바라보기를 할 때 먼저 날씨를 떠올린다. 만주는 늘 춥다고만 생각하는 왜곡된 고정관념에서 벗어나면 다른 모습

만주와 두만강에도 사계절이 있다. 일 년 내내 겨울이 아니다.
(2024년 7월, 2023년 10월, 2024년 2월)

---

[38] 곽승지, 2018, 『중국 동북 지역과 한민족』, 모시는 사람들, 28쪽.

이 보인다. 만주 날씨는 단순 생활 정보가 아니다. 삶을 이해하는 밑그림이다.

하여튼 앞으로 나는 한반도 남쪽에 사는 이들에게 만주를 이야기할 때 영화 《하얼빈》의 앞 장면, 한겨울의 전투를 꺼낼 계획이다. 다음으로 "1908년 안중근은 두만강을 언제 넘었을까요?"라고 질문을 던질 생각이다. 그 대답 속엔 만주를 바라보는 한국 사회의 어떤 시각과 인식이 묻어 있을까?

언제부터 두만강과 압록강이
국경으로

두만강과 압록강을 주제로 강연할 때의 경험이다. 고려와 조선 국경을 두 강으로 예단한 질문을 받는다. 또는 강 너머의 만주와 간도가 한민족 역사로 이어졌다고 막연히 믿는 반응과도 마주한다. 한국 사회는 국경과 세월에 둔감한 것일까? 한국사를 다룬 책이다.

간도를 이렇게 부르고 싶어요. 우리 역사의 흔적을 간직한 땅, 우리 역사를 기억하는 땅, 우리 역사는 만주 지역 일부와 한반도를 중심으로 전개되어 왔습니다. [...] 고구려, 고구려를 계승한 발해는 한반도 이북의 만주 지역을 무대로 활동했던 나라들이죠. 하지

만 고려시대와 조선시대로 접어들면서 우리 역사의 무대는 한반도로 축소되었습니다.[39]

간략하게 서술된 역사에 긴 세월의 여백이 있다. 926년 발해는 역사의 뒤안길로 사라졌다. 2026년에서 거슬러 올라가면 1100년 전이다. "간도"와 "만주"가 "우리 역사"에서 사라진 세월이다. 그러니 그때의 "흔적"을 "간직"하기도 "기억"하기도 쉬운 일은 아니다.

만주와 한반도 경계는 두만강과 압록강이다. 학창 시절에 봤던 고려 지도의 기억을 되살렸다. 그 시대 영토의 기준은 천리장성이다. 성이 지나가는 안쪽엔 993년 서희 담판의 결과물인 압록강 하류(강동 6주) 지역이 있다. 강 전체가 아니다. 천리장성은 동쪽으로 갈수록 압록강에서 멀어지고 두만강과는 더 멀어진다. 백두산도 천리장성 밖이다.

고등학교 한국사 교과서에선 조선시대 영토를 어떻게 서술할까? 세종 때에 "4군 6진을 개척하여 압록강과 두만강 지역까지 영토를 넓혔다."[40]고 설명한다. 학창 시절 나 역시 암기한 내용이다. 더불어 4군(압록강) 6진(두만강)은 이후 그 모습을 실질적으로 유지하지 않은 사실도 배웠다. 그런데 위 교과서엔 생략되어 있다.

모든 역사를 한 권에 담을 수는 없지만 아쉽다. 무엇이든 시작과 끝,

---

39 설민석, 2019, 『설민석의 무도 한국사 특강』, 휴먼큐브, 408쪽.
40 노대환 등, 2023, 『고등학교 한국사』, 동아출판, 54쪽.

앞과 뒤를 함께 알아야 한다. 그렇지 않으면 단편적이고 파편적인 지식이 오류와 왜곡으로 이어진다. 역사를 품은 세월은 한두 해가 아니다. 길다.

앞 인용문을 다시 읽었다. "고려시대와 조선시대로 접어들면서 우리 역사의 무대는 한반도로 축소"에서 "한반도"는 엄밀하게 말하면 두만강과 압록강 전체를 포함하지 않는다. 그렇다면 두 강 전체가 중국과 "우리 역사"를 구분하는 경계가 된 시기는 언제일까?

이때 등장하는 비석이 있다. 1430년대 4군 6진 개척 이후 약 280년이 지난 1712년 조선과 청나라가 세운 백두산정계비다. 그때 두 나라가 국경을 확정했다고 배웠다. 여기에서 확정이란 단어를 어떻게 이해할지 망설여진다.

바로 두만강과 압록강에 기대어 살던 사람들의 삶이 달라졌을까? 국경 확정이란 소식이 그들에게 언제쯤 전달되었을까? 참고로 윤해동은 "국경이 확정적으로 자리 잡았다고 볼 수는 없다는 점 역시 사실이다."[41]라고 말한다.

1712년 무렵 백두산정계비를 세울 당시의 상황이다. 두 나라의 소위 초소는 압록강에 있지 않았다. 중국 책문은 대략 40킬로미터 떨어져 있었다. 조선도 마찬가지다.

---

41 윤해동 외, 2018, 『변경과 경계의 동아시아사』, 혜안, 31쪽.

조선 측은 파수처가 남쪽에 있는 까닭에 대해서도 청이 조선의 국경에 접한 변방 지역인 책문 밖에 파수처를 두지 않는 것과 마찬가지로 설명하여 청의 동의를 받았다.[42]

이로부터 68년 후다. 1780년 박지원은 압록강을 건너 100여 리 길을 더 가서 책문에 닿았다. 그는 이를 통과한 뒤에야 청나라에 들어왔다고 했다. 다시 80년 남짓 지난 1860년대 두만강을 건너 북간도 지역으로 이주하는 이들이 있었다고 역사책에 서술되고 있다. 그때부터가 처음이 아니고 많아졌다고 파악하는 것이 맞다.

1880년대부터 백두산정계비의 토문강 명칭 그리고 두만강 너머인 간도 지역에 대한 논란이 있었다. 2026년 현재 한국에서도 토문강은 두만강이 아니라는 인식이 이어지고 있다. 이를 근거로 간도는 조선 땅이었다고 막연히 믿는 이들이 있다. 이종석은 이 부분을 시작은 알고 있으나 결말은 알려고 하지 않았다고 말한다.

1712년 당시 조선과 청 모두 토문강은 두만강이라고 인식하였다. [...] (1880년대 간도에 거주하던 조선인들이) 두만강과 토문강은 별개의 것이므로 정계비의 문구대로 조선과 청의 경계는 토문강으로 해야 한다고 주장하였다. (간도에서) 조선인 거주와 농경을 허락해

---

42 이종석, 2017,『북한-중국 국경: 역사와 현장』, 세종연구소, 28쪽.

달라고 청원하였다. [...] (1887년 조청 국경회담에서) 조선은 두만강

과 토문강이 같은 강임을 인정하였다.[43]

이처럼 조선은 토문강이 두만강임을 인정했다. 간도 문제는 수면 아래로 내려갔다가 대한제국 때 다시 논란의 무대 위로 등장한다. 그 전개의 모양새는 이렇다. "1905년 러일전쟁 이후 간도가 대한제국의 땅이라고 문제 제기를 일본이 하였다. 거꾸로 1909년 간도협약을 체결하면서 간도가 청나라 땅임을 인정한 나라도 일본이었다."[44]

이 변화를 뒷받침하는 건물이 만주 용정(룽징)에 있다. 1907년 일본은 간도에 통감부의 파출소를 세웠다. 그런데 1909년 이를 일본 총영사관으로 바꾸었다. 단순히 명칭만 달라진 것이 아니다. 일본이 간도를 파출소 땐 대한제국 땅으로 간주함을, 총영사관으로 변경한 이후엔 청나라 영토로 인정하였음을 상징한다.

이쯤에서 한국 사회는 또 하나를 놓치고 있다. 1909년 간도협약은 대한제국과 상관없이 일본과 청나라가 맺었다. 학창 시절 일본의 철도 부설권 획득만을 묶어 암기했다. 이는 단골 시험 문제였다. 설민석이 설명하는 간도협약이다.

---

43 이종석, 2017, 『북한-중국 국경: 역사와 현장』 세종연구소, 29~37쪽.

44 이종석, 2017, 『북한-중국 국경: 역사와 현장』 세종연구소, 39쪽.

일본은 우리 대신 우리 영토를 가지고 청나라와 협상에 나서 [...]
1909년 9월 간도협약에 따라 공식적으로 간도는 청나라 땅이 되
었죠.[45]

위 내용엔 "일본은 우리 대신 우리 영토를 가지고"라는 대목이 있다.
이 또한 사실이 아니다. 일본이 "만들어낸 간도의 이미지[46]"이다. 이를
간도협약을 맺는 과정에서 활용했고 증폭한 주장의 연장선상이다. 사
실과 주장을 구분하지 않고 배우는 한국 사회의 민낯이 아닐까? 이처
럼 한국 사회의 간도 인식은 여러 겹으로 꼬여 있다.

간도협약 내용을 살펴보면 하나를 더 알 수 있다. 청나라 땅의 기준
이 두만강 이북이다. 우선 이해해야 할 개념과 상황이 있다. 한국 사회
는 근대 혹은 국민국가 시대의 국경으로 조선과 대한제국의 두만강과
압록강을 들여다본다. 이는 간도에 대한 인식이 얽힌 원인이기도 하
다. 그런데 당시는 엄밀히 말하면 국경이 아니라 변경이다.

근대의 국경이 명확한 선을 기준으로 국가 사이에 공간을 남기지
않았다면, 전근대 국가의 경계는 종종 넓은 수평적 배경을 가진 두
꺼운 선으로서 모호하고 겹쳐 있었다. [...] 변경은 모호하게 정의

---

45 설민석, 2019, 『설민석의 무도 한국사 특강』, 휴먼큐브, 409쪽.

46 배성준, 2006, 「간도, 간도출병」, 『역사용어 바로쓰기』, 역사비평사, 299쪽.

된 경계로 선보다는 면에 가까운, 두 중심 세력 사이에 존재하는 중간지대로, 국경과 구별된다.[47]

국민국가 시대의 국경이 만들어지기 이전에는 국경 혹은 변경이 일정한 지대로 존재해 왔다. [...] 그 변경지대에서 생활하는 사람들도 포함하여 양쪽 지대를 넘나드는 사람들의 이동성이 더 높았을 것이다.[48]

모호하고 서로 섞일 수 있는 변경을 공유했다. 만주가 그런 곳이다. [...] 17세기 초부터 20세기 초까지 청과 조선의 경계는 여러 집단이 다양한 형태로 교류하는 변경*frontier*에서 청이 출입을 통제하는 국경지대*borderland*를 거쳐 근대적 의미의 국경*border*으로 쉼 없이 변했다.[49]

위의 글들을 인용하다 보니 앞뒤로 많은 설명이 빠져 있다. 이를 풀어 보면 조선과 청나라 경계는 변경에서 국경으로 자리 잡아 갔다. 1909년 간도협약 이전 두만강과 압록강은 나라 사이를 명확하게 구분

---

47 김선민, 최대명 역, 2023, 『인삼과 국경』, 사계절출판사, 33쪽.

48 윤해동 외, 2018, 『변경과 경계의 동아시아사』, 혜안, 21쪽.

49 김선민, 최대명 역, 2023, 『인삼과 국경』, 사계절출판사.

하는 경계는 아니었다. 조선과 대한제국 사람이 청나라 땅이자 변경이자 국경지대인 간도로 농사짓기 위해서 갔다. 두만강과 압록강은 그 길목에 있던 강들이었다.

하지만 1909년 간도협약은 한반도에 살던 사람들에게 두 강 너머를 청나라 땅으로 인식하게 하였다. 요약하면 두 강은 변경과 국경지대에서 국경으로 굳어졌다. 이것이 1712년 백두산정계비와 1909년 간도협약이 만들어낸 두만강과 압록강의 차이다. 넓게 펼쳐졌던 변경의 면과 국경지대가 두 강의 물줄기로 좁혀졌다.

1909년 이전의 두 강과 간도의 삶을 국경 렌즈로만 바라보면 길을 헤매기 쉽다. 3부에서 설명할 부분을 미리 소개하겠다. 변경은 면이고 국경은 선으로 정의되곤 한다. 그러나 국경에는 선만이 아니라 면도 있다. 이는 1909년 이후부터 2026년 현재까지의 두만강과 압록강을 알아가는 첫걸음이다.

백두산 천지:
세 가지 풍경

한국 사회에서 백두산은 민족의 영산이란 수식어가 따라붙는다. 이에 토를 다는 이들은 거의 없을 것 같다. 중·고등학교 지리와 한국사 책에서 흥미로운 내용을 봤다. 부여부터 조선까지의 영토를 표시한 지도들에 다른 산은 없으나 백두산은 표시되어 있

백두산 북파·서파·남파 전망대에서 마주한 천지다. 경험상 한여름을 피할수록 천지를 볼 가능성이 높다.
(2024년 2월, 2023년 9월, 2025년 7월)

다. 코로나19 종식 선언 이후에도 홈쇼핑의 중국 여행상품에서 빠지지 않는다.

백두산 정상을 둘러싼 봉우리 16개는 조연일 뿐 주인공은 천지다. 지리산은 천왕봉, 백두산은 천지에 간다고 한다. 천지를 바라본 첫인 상은 기대했던 것만큼 크지 않았다. 하지만 자료를 찾아보며 내 눈에 천지의 규모를 제대로 담지 못했음을 알았다. 약력을 간추렸다.

만주와 한반도를 통틀어서 가장 높은 백두산이다. 최고봉의 명칭 (북한은 장군봉, 한국은 병사봉)이 나라마다 다르고 높이도 약 5미터 차이를 보인다. 한국의 백두산은 일제강점기에 측정했다고 알려진 2,744미터 다. 최고봉을 기준으로 600미터 아래 천지는 둘레 14.4킬로미터, 평균 깊이 210미터, 최대 수심 384미터다. 남북과 동서 길이는 4.9킬로미터 와 3.6킬로미터다.[50] 지리산은 국립공원으로 지정된 면적이 광주광역 시와 맞먹는다. 백두산의 총면적은 지리산의 16배 혹은 전라북도 규 모다.

나는 창밖의 자작나무 숲이 짙어지면 백두산 자락에 들어섰다고 판 단한다. 반면 분명 산자락에 숙박했는데 다음 날 사람들은 천지까지 버스로 한 시간 넘게 남았다는 말을 듣는다. 순간 다들 묘한 표정을 짓 는다. 여기서 끝이 아니다.

백두산 입장료가 6만 원 전후인 사실과 중국 관광객의 규모에 놀란

---

50 이종석, 2017,『북한–중국 국경: 역사와 현장』, 세종연구소, 66쪽.

다. 한국 사람인 내가 오르는 것은 당연한데 중국 사람이 몰려드는 모습을 보면서 궁금함과 당황스러움이 뒤섞인 반응을 보인다. 아침 일찍 서둘지 않으면 천지행 전용 버스를 타기까지 몇 시간씩 기다린다. 2026년 현재 하루 공식적으로 판매하는 입장권은 1만 5,000장 내외다. 성수기엔 이를 구하기가 힘들다.

북한에선 천지를 오르는 길이 동쪽에 있다. 중국에선 천지로 가는 길을 방향과 언덕 파의 한자를 써 북파, 서파, 남파로 부른다. 백두산 정상으로 가는 방식은 한국의 산들과 다르다. 본인들이 타고 온 차량에서 내린 뒤에 매표소부터 도보로 등산을 시작할 수 없다. 전용 버스를 이용해야 한다.

이 위치는 점점 천지와 멀어졌다. 2026년 현재 서파 주차장에서 천지까지는 약 69킬로미터다. 한국 상황으로 빗대면 국립공원 범위가 확장되는 셈이다. 다른 점은 마을이 없다. 예를 들면 지리산 천왕봉에 가고자 할 때 경남 진주보다 먼 위치의 매표소에서 출발하는 상황과 같다. 양옆으로 자작나무가 한없이 들어서 있기에 마치 하늘이 뚫린 터널을 달리는 느낌이다. 이를 박경리는 "수해樹海"[51]라고 표현했다.

버스를 또 갈아타고 어느 순간 나무가 자라지 않는 수목한계선을 넘고 있음을 확인할 즈음 길은 급격한 S자 곡선으로 접어든다. 천지를 둘러싼 봉우리들이 오른쪽과 왼쪽으로 한 번씩 보일 때마다 함성을 지르

---

51 박경리, 2025, 『다만 여행자가 될 수 있다면』, 문학동네, 78쪽.

고 나면 몇십 분 뒤 천지 근처 주차장에 내린다. 북파의 장점은 천지에서 흐르는 폭포를 볼 수 있다는 점과 연길공항에서 가깝다는 것이다. 2000년대 후반까지만 해도 천지 물을 만질 수 있는 길이 따로 있었다.

북파와 남파는 주차장에서 내려 몇 분만 걸으면 천지를 볼 수 있다. 이와는 달리 서파는 주차장부터 1,442개 계단을 올라가야 전망대에 도착한다. 보통 30분을 잡는다. 북파 또는 남파와 비교해서 힘든 만큼 천지 풍경은 압권이다. 봉우리들이 시야를 방해하지 않는다. 익숙한 천지 사진은 서파에서 찍었다고 봐도 무방하다.

전망대에서 천지를 등지면 또 다른 장면을 건질 수 있다. 이는 한반도 남쪽의 산 정상에서 바라보는 풍경과 사뭇 다르다. 높낮이가 없어 보이는 벌판과 지평선이 펼쳐진다. 놓치는 것이 하나 더 있다. 인파에 밀려 전망대에 머무는 시간은 30분 남짓이다. 그마저도 사람들은 사진 찍기에만 바빠서 멍하니 천지를 바라보는 몇 분의 여유를 갖지 못하곤 한다. 그러면 하산 길에 다들 아쉬워한다.

2026년 현재 연길공항에서 북파 매표소까지는 150킬로미터다. 여기에서 90킬로미터를 더 이동해야 서파 입구가 나온다. 그곳에서 또 120킬로미터를 차로 달려야 남파 언저리에 다다른다. 이곳은 여름 위주로 개방하며 폐쇄하는 해가 있어 경험한 이들이 드물다. 그러나 남파는 입구부터 색다른 장면이 펼쳐진다. 중·조 국경과 압록강이 기다린다. 남파 매표소부터 국경과 압록강을 옆에 끼고 천지로 순환 버스가 달린다. 버스가 출발하면 물줄기가 오른쪽 몇 미터 옆으로 흐른다.

백두산 남파 전망대로 오르는 길은 이미 개마고원 위에 놓여 있다. 그 길은 만주와 한반도를 가르지 않는다. 남파 전망대 언저리 내가 딛고 선 자리도 개마고원이고 고개를 들면 시야를 채우는 능선 또한 한반도 산하다. (2024년 8월, 2025년 8월)

이 냇물이 압록강 최상류다. 너머가 북한이다. 이때 만나는 북한은 한국의 남방한계선 또는 임진강 하류 또는 한강 하구에서 바라보는 그 거리가 아니다.

휴대폰의 지도를 열면 압록강과 국경 표시가 겹쳐 있다. 달리는 버스 오른편이 아니고 왼편이 중·조 국경으로 나타나는 경우도 있다. 다시 말해 지도 속 현 위치는 북한 땅을 지나가다가 중국 땅으로 들어오기를 반복한다. 인터넷 지도가 국경을 정확히 구분하지 못하는 모양새다.

천지에 도착하기 약 5킬로미터 전 지점에서 압록강마저 사라진다. 강 발원지를 지나쳤다. 이때부터 중·조 국경이 면이 아니고 땅 위에 그어진 선이다. 주차장에 내려 한 걸음도 안 되는 거리의 북한 땅을 따라 몇백 미터의 평지를 걸으면 천지가 시야에 들어온다. 이때 마주친 전망대 가는 길 풍경이 기억에 유독 남아 있다.

2008년 남파 천지에서 보았던 가느다란 줄을 잊을 수가 없었다. 그것은 빨랫줄이다. [...] 2018년 여름 남파 국경선 형태는 예전 모습이 아니었다. 빨랫줄은 없었다. 튼튼해 보이는 쇠줄 한 가닥이 대신하고 있었다. 그 외에 변한 모습은 보이지 않았다.[52]

2008년에 다녀온 뒤 2018년에서야 다시 갈 수 있었던 이유는 남파의 폐쇄 기간이 길었기 때문이다. 그러고 나서 코로나19의 세월을 보낸 뒤인 2023년 남파에 오를 수 있었다.

2018년과 달라진 전망대 언저리 풍경을 보면 쇠줄로 표시한 국경선 앞뒤로 어지럽게 철조망이 쳐져 있는데 세워져 있다기보단 차라리 누워 있는 모습처럼 보인다. 예전보다 매표소와 천지 주차장 사이엔 국경 주변임을 표시하는 철조망이 늘었으나 이어짐과 끊어짐을 반복한다.

남파에선 북파나 서파와 다르게 몸을 움직인다. 천지 풍경을 기록한 다음에 뒤돌아 잰걸음으로 주차장 모퉁이로 간다. 그곳에서 연구자 신분을 잊고 땅의 기운을 오롯이 느낀다. 전망대와 마찬가지로 눈앞에 개마고원이 펼쳐진다. 아니 지금 내가 서 있는 곳이 개마고원이다.

많은 이들이 천지를 한여름에만 갈 수 있다고 안다. 2026년 현재 한겨울 북파와 서파를 통해 천지로 가는 길이 열리곤 한다. 날씨가 변한

---

52 강주원, 2019, 『압록강은 휴전선 너머 흐른다』, 눌민, 169~170쪽.

백두산 북파 여명과 일출과 일몰이다. 이 장면을 담기 위해 숱하게 발걸음을 옮겼다. (2024년 2월, 2019년 10월, 2024년 10월)

백두산 서파의 여명과 개마고원의 일출이 맞물리는 순간이다. 가을에야 비로소 두 빛을 한 번에 품을 수 있다. (2024년 9월)

것이 아니다. 비바람이 심하면 여름에도 천지로 향하는 길은 막힌다. 제설 작업이 향상된 덕분이다

2024년 2월 새벽이었다. 나는 백두산의 눈꽃과 얼어붙은 천지를 선명하게 봤다. 거기에 일출도 함께였다. 체감 온도는 영하 20도 정도였다. 겨울옷의 기능이 좋아 감당할 만한 추위였다.

백두산에 오른 횟수가 50번을 넘으면서 더 이상 몇 번 갔는지 세지 않는다. 천지 풍경은 계절마다 다르고 느낌은 늘 새롭다. 굳이 꼽자면 9월 초 새벽에 마주하는 서파 천지가 단연 최고다.

박경리는 천지 가는 길을 "수해"라 불렀다. 서파 천지를 등진 풍경과 북파 전망대에서 바라본 개마고원이다. 백두산의 또 다른 상징은 자작나무다. (2024년 9월, 2025년 8월, 2024년 2월, 2019년 10월)

밤하늘과 자작나무 그림자를 뚫고 백두산 정상으로 향하는 도로 정면은 시시각각 신비한 모습을 연출한다. 달과 별이 가까워도 너무 가깝다. 하늘과 천지로 번져가는 여명을 느끼면서 1시 방향의 북한과 개마고원에서 떠오를 해를 기다리는 순간, 나는 겸손해진다.

두만강도, 압록강도, 백두산정계비도 없는 천지

백두산을 안내하는 이들의 농담이다. 백 번 올라야 천지를 두 번쯤 볼 수 있어서 백두산이란다. 혹자는 삼대가 복을 받아야 천지를 볼 수 있다고 한다. 그만큼 선명한 천지를 마주하기 힘들다는 뜻이다. 끝내 보지 못한 이들에게 건네는 위로의 말이 되곤 한다.

올라가는 내내 비가 오고, 전용 버스에 내린 뒤에도 비가 그치지 않았는데, 전망대에 도착하자마자 하늘이 열렸고, 뒤돌아서자 곧바로 구름이 몰려왔다는 일화는 그저 천지에 얽힌 수많은 얘깃거리 중 하나다. 여하튼 백두산에 갔다 온 이들은 천지를 본 이와 못 본 이로 나뉜다.

아는 만큼 보인다. 다만 사람들이 관심을 기울이지 않는 내용이 있다. 2026년 현재 천지는 54.5퍼센트가 북한, 45.5퍼센트가 중국에 속해 있다. 백두산 북파 전망대에서 보이는 바로 앞 천지는 중국이다. 천지 중간, 가상의 가로선 너머가 북한이다. 날씨가 맑을 땐 봉우리 너머, 북한 개마고원의 산자락이 시야에 들어온다.

서파 전망대엔 중·조 국경 경계비가 있다. 그 위치에서 국경선이 직

한국 사회가 떠올리는 국경 표시는 대개 철조망이다. 백두산 남파 전망대 언저리의 가느다란 줄 너머가 북한이다. (2018년 8월, 2025년 7월)

각으로 꺾인다. 따라서 옆면을 기준으로 천지 중앙, 가상의 세로선 왼편이 중국이고 오른편이 북한이다. 경계비 정면의 왼쪽 산등성과 천지가 북한이다. 천지를 등지고 바라보는 풍경은 북파와 마찬가지로 중국이다.

남파는 북파와 방위상 정반대는 아니다. 남파는 매표소에서부터 천지까지 내내 오른쪽이 북한이고 개마고원이다. 북파와 반대로 전망대에서 눈앞 천지는 북한이다. 말로 설명하니 복잡하다. 그래도 백두산 천지를 가로지르는 국경 위치를 알면 천지 풍경이 풍부해진다. 여기에 더해 천지와 관련된 오류와 중·조 국경이 만들어진 배경을 들여다보면 한국 사회의 선입견과 편견을 깰 수 있다.

우선 한국 사회가 놓치는 사실이 있다. 〈한국민족문화대백과사전〉과 같이 "백두산 천지가 발원지인 하천은 압록강, 두만강, 송화강"[53]이라고 표현한 책들이 있다. 여기에다 백두산정계비가 천지에 세워져 있다는 잘못된 인식이 더해지면서 천지는 과거에도 현재도 한민족 영역이라고 묻지도 따지지도 않고 말한다.

사실을 짚었다. 천지에서 발원하는 강은 송화강 하나다. 백두산 북파에 가면 천지 물이 흘러내리는 폭포를 만난다. 그곳이 송화강 발원지다. 두만강은 천지 동쪽에서 약 30킬로미터, 압록강은 천지 남쪽에서 약 5킬로미터 거리에 발원지가 있다. 백두산정계비는 1932년 만주

---

53 〈한국민족문화대백과사전〉, https://100.daum.net/encyclopedia/view/

사변 직후 사라졌다. 기록에 따르면 천지에서 남동쪽으로 약 4킬로미터 떨어진 위치에 세워졌다.[54]

이를 종합하면 하나의 지도가 완성된다. 백두산정계비 그리고 압록강과 두만강 발원지를 선으로 연결하면 천지는 한반도 밖이다. 오류는 또 있다.

1992년 한·중 수교 전후부터 한국 사람도 백두산에 가기 시작했다. 그들은 천지가 북한과 중국으로 나누어져 있음을 확인했다. 이는 자연스럽게 "백두산 천지 반을 북한이 중국에 넘겼다."라는 믿음으로 이어졌다. 그러나 이는 반대다. 두 나라는 1962년 중·조 국경 조약과 1964년 중·조 국경에 관한 의정서 등을 맺었다. 그때부터 백두산 천지 반이 한반도 안으로 들어왔다.

압록강 최상류에서 시작하여 백두산 천지를 반분하며 가로지르고 두만강 최상류까지 이어진 새롭게 확정된 국경선의 길이는 총 45,092.8미터다. […] 백두산정계비의 위치로 볼 때 북한이 천지를 중국과 반분한 것은 분명히 이득을 취했다고 할 수 있다.[55]

926년 발해 멸망 후 백두산 전체는 한민족 역사에서 멀어졌다. 그

---

54 이종석, 2017, 『북한-중국 국경: 역사와 현장』, 세종연구소, 62쪽.
55 이종석, 2017, 『북한-중국 국경: 역사와 현장』, 세종연구소, 63~100쪽.

로부터 786년이 지나 1712년 백두산정계비가 세워지면서 백두산 남쪽 산자락이 조선의 영역이 되었다. 다시 250여 년이 흐른 뒤인 1960년대 초반 백두산 천지의 약 절반이 북한 지역으로 포함되었다.

한국 사회는 두만강과 압록강 발원지 그리고 백두산정계비 위치를 엄밀하게 알지 못했다. 그 결과 중·조 국경을 오해했다. 그로 인해 북한에 대한 잘못된 편견을 만들어 왔다. 2024년 고등학생인 아들이 학교에서 돌아와 "백두산 천지를 북한이 반이나 팔아먹었다."라고 배웠다며 어이없어했다. 그런데 약 30년 전에 나와 내 친구들이 했던 말과 똑같다.

백두산의 어떤 길을 걸어야 할까? 한국 사회가 천지에 형성된 중·조 국경의 역사를 정확히 파악하고 널리 알리는 일 또한 남북 평화로 향하는 발걸음이다. 북한과 한국 사이엔 천지와 관련된 국경에 대한 오해가 있다면 중국과 한국 사이엔 산의 명칭이 논란이다. 한국 사람은 천지에 가기 전부터 불편하다. 곳곳에 보이는 간판마다 장백산이다. 이 상황이 받아들여지지 않는다는 반응이 다수다. 이는 한국 사회에 뉴스로 보도되곤 한다.

우리는 세계인들이 백두산을 창바이산(장백산)으로만 기억하지 않도록 백두산 명칭의 홍보를 강화할 필요가 있다고 지적했다.[56]

---

56 《경기일보》 2024년 3월 29일 자, "창바이산 유네스코 등재"

한국의 역사 자료엔 백두산이 태백산으로 소개되곤 한다. 조선왕조실록엔 장백산이란 표현도 있다. 장백산은 길고 흰 산이란 뜻의 만주어에서 유래한 이름이다. 한국 사회에서 부르는 백두산도 산머리가 하얗다는 데에서 왔다. 백두산과 장백산은 명칭은 다르나 뜻은 별반 차이가 없다.

금강산이나 지리산의 별칭이 다양하듯, 한국 사회는 백두산의 다른 이름으로 장백산을 받아들이는 마음의 여유를 가져도 되지 않을까? 만주와 한반도가 걸어갈 공존의 길은 가까운 곳에 있는 것이 아닐까?

덧붙인다. 독립운동의 산실인 신흥무관학교 교가는 1911년 작곡되었다. 2절이 "장백산 밑 비단 같은 만 리 낙원은"[57]으로 시작한다.

또 덧붙인다. 박경리 또한 『다만 여행자가 될 수 있다면』에서 "천지는 [...] 압록강과 두만강의 발원지이기도 하다."[58]라는 잘못된 정보를 남겼다. 이를 표현한 77쪽은 쓱 넘기고 백두산 풍경이 담긴 79쪽과 80쪽만 읽었으면 좋겠다. 천지를 둘러싼 자연, 하늘과 땅이 박경리의 문장으로 다가온다.

"주차장에 고여 있던 짙은 먹구름의 한 자락이 슬며시 깃털처럼 부드럽게 풀리면서 봉우리와 봉우리 사이의 골짜기를 통로 삼아 너울너울 천지 상공으로 이동하기 시작했다. [...] 수면을 부드럽게 애무하고

57　최범산, 2012, 『압록강 아리랑』, 달과소, 315쪽.
58　박경리, 2025, 『다만 여행자가 될 수 있다면』, 문학동네, 77쪽.

난 깃털 구름은 다시 둥실 떠올라 건너편 산봉우리 사이로 사라졌다.

건너편 봉우리들은 북한 영토였다.”[59] 나는 백두산에 갈 때마다 그녀와

동행한다.

59 박경리, 2025, 『다만 여행자가 될 수 있다면』, 문학동네, 79~80쪽.

한반도 너머를 가다

한반도 너머를 가다

1장

낯설게
다가가기

한국 사람은
두만강의 도문과 방천만

한국 사람에게 넓게는 만주, 좁게는 간도 여행의 동기를 물으면 으레 백두산을 꼽는다. 다음은 북한 산하를 눈으로 보고자, 할아버지 또는 아버지 고향인 북한을 몸소 느끼고자 두만강을 찾는다. 예전엔 두만강 어디에서나 한국 사람도 발을 담글 수 있었다.

하지만 2026년 현재 한국 사람이 북한과 두만강을 가까이에서 볼 수 있는 지역은 중국 관광지인 두만강 하류 방천(팡촨)과 중류 도문(투먼)뿐이다. 이런 변화의 배경 가운데 하나로 이종석은 일부 한국 언론의 부정적인 보도에 대한 중국의 예방적 조치라고 해석한다.[60] 2006년에서 2019년까지 두만강의 변화를 기록한 대목이다.

2006년 전후부터 두만강을 따라 철조망을 세운 지역이 늘었다는 사실을 꼽을 수 있었다. 그렇다고 해서 두만강에 기대어 살아가는 북한 사람과 중국 사람의 삶이 크게 변한 것은 없었다. [...] 2014년 중국 지인들과 나는 여러 지역의 두만강변에서 북한을 바라봤다. 검문은 두 번 있었지만 2015년엔 두만강 전체를 일주했다. [...] 2016년 무렵부터 두만강 지역은 한국 사람만이 접근하기 힘든 공간으로 변해갔다. [...] 2018년 도문 관광지에서 한국 사람인 나와 일행은 변함없이 뗏목 유람선을 탔다. 하지만 선착장 주변에 예전엔 없던 철조망이 있었다.[61]

코로나19 종식 선언 이후인 2023년부터 나는 강변의 일명 도문 광장을 다시 찾고 있다. 뗏목 유람선을 탈 때도 있었고 못 탈 때도 있었다. 강 너머를 촬영하면 막는 이가 생겼다. 북한과 중국을 연결하는 다리 앞 전망대엔 올라가지 못한다. 이는 주로 한국 사람에게 해당되는 통제다.

처음 이곳을 왔거나 사전 지식 없이 온 한국 사람은 이런 도문 두만강의 변화를 눈치채기 어렵다. 그들은 강폭이 생각보다 좁다고 이야기한다. 어림잡아 100미터 내외의 강 건너가 북한이란 사실이 신기하다.

---

60 이종석, 2017, 『북한-중국 국경: 역사와 현장』, 세종연구소, 200쪽.

61 강주원, 2019, 『압록강은 휴전선 너머 흐른다』, 눌민, 214~218쪽.

강 너머가 북한이다. 여름 두만강 중류의 강폭이다. 두만강에 배가 있는 까닭과 배경을 헤아리면 만주와 한반도를 왕래하던 사람들의 삶과 넘나듦의 역사가 다가온다. (2025년 6월, 2025년 8월)

두만강과 북한을 이미 잘 알고 있다고 말한다. 두만강 철조망은 한국 사회에서 익숙한 단절의 상징이다. 중국 사람이 철조망을 통과해서 뗏목 유람선을 타고 있으나 그 이유를 궁금해하는 이는 별로 없다.

도문이 1938년 발표된 노래 〈눈물 젖은 두만강〉의 무대임을 알고 있는 이들이 있다. 즉석에서 "두만강 푸른 물에 노 젓는 뱃사공"을 부른다. 노래를 마치고 일제강점기 두만강은 경비가 삼엄했다는 역사 지식을 뽐낸다. 또 다른 이들은 강 너머 북한은 고난의 행군 중이라고 옆 사람에게 설명한다. 두만강도 넘을 수 없는 휴전선과 똑같다는 말로 마무리하면서 자리를 떠난다. 그들 대화엔 한국 사회가 만들어 온 선입견과 편견과 엇박자와 오류가 섞였다.

한편 강변 광장을 벗어나 차로 몇 분 거리의 일광산 전망대에 오르면 북한 남양과 중국 도문 그리고 두만강이 한눈에 들어온다. 그곳에 머물며 내가 아는 범위 안에서 두만강이 품고 있는 세월의 장면을 그

전망대에 서면 왼쪽의 중국 도문과 오른쪽의 북한 남양 그리고 한가운데 두만강이 한눈에 들어온다. 이 풍경을 바라보며 세월을 거슬러 역사를 더듬는 즐거움이 있다. (2024년 2월, 2025년 6월)

리곤 한다.

926년 전까지 두만강은 고구려와 발해 영토를 흘렀다. 저 물줄기 너머 한반도에서 오른쪽으로 가면 종성, 회령, 부령이다. 왼쪽으로 가면 온성, 경원, 경흥이다. 1434년 전후 세종 때 4군 6진 가운데 6진에 해당하는 지역이었으나 오래 유지되지는 못했다. 1638년부터 회령개시, 1645년부터 경원개시로 향하던 이들이 머물던 강변이다.

1860년대 전후부터 농사를 짓기 위해 간도로 향하는 이들이 보인다. 1886년 종성에서 두만강을 넘자마자 간도 자동 마을에 정착한 윤동주 가문의 사람들이 지나간다. 윤동주는 이민 몇 세대인지를 따져보기도 전에 1899년 1월 명동촌을 만들고자 네 가문의 142명이 회령 두만강을 건넌다. 그 무리엔 1895년과 1896년에 태어난 어린 여자와 남자가 있는데, 1918년에 태어난 문익환의 부모가 될 예정이다.

오른편으로 1920년 두만강을 넘어가는 홍범도 부대 모습이 시야에 들어온다. 그들은 두만강 왼쪽으로 대략 10킬로미터 이동해서 일본군을 기다린다. 나는 봉오동 전투의 여름을 알고 있다. 1925년 발표한 시 〈국경의 밤〉에 등장하는 마차와 이사꾼이 한겨울 언 강을 지나간 것 같다.

1933년 완공된 철교를 건너 기차역 오른쪽으로 가면 윤동주의 마지막을 지켜본 상삼봉, 거기서 더 달리면 소설 『토지』의 회령이다. 기차는 동해 청진까지 달린다. 왼쪽의 시계 방향으로 두만강 하류와 동해를 따라가도 청진이 나온다. 또 다른 기차는 바로 앞의 남양과 도문 두만강을 건너 만주국의 수도인 신경(장춘)으로 향한다. 저 철길은 만주국 시대 일본과 만주를 연결하던 세 개의 길 가운데 하나다.

아직은 역사 공부가 두만강 풍경화를 빼곡하게 채우기에 부족하다. 그래도 두만강을 넘나들었던 이들이 알려준 그림 소재는 이 책 곳곳에 담았다. 전망대를 내려오며 나는 두만강의 현주소를 연구 노트에 남겼다. 중국 도문 냉면집에서 마주치는 북한 종업원의 삶이다. 1909년 전후의 이들처럼 북한 사람은 저 강을 왕래하고 있다.

북한 남양과 중국 도문을 한 사진에 담을 때면 떠오르는 글이 있다. 인류학 스승의 글을 떠나서 외우다시피 한 내용이다. 두만강과 압록강을 들여다볼 때마다 나의 등대다. 북한 아이가 두만강을 건너와 미국 친척에게 전화하고 북한 집으로 돌아간다는 이야기다.

북한과 접경인 중국 투먼(도문)을 방문했을 때였다. 조금 넓은 개천 같은 두만강은 꽁꽁 얼어붙어 있었다. 강바람에 언 몸을 녹이려 강변 공원의 작은 매점을 찾아 들어갔다. [...] 아이가 문가를 기웃거렸다. [...] 함흥에서 온 아이였다. 중학생처럼 보여도 나이는 18살, 곧 군대에 갈 거라고 했다. 아픈 아버지를 놔두고 그냥 입대할 수가 없어 미국에 사는 고모에게 도움을 청하려고 일주일 전에 강을 건너왔다고 했다. 1·4 후퇴 때 남쪽으로 간 고모는 뉴저지에서 세탁소를 하고 있다고 한다. 조선족 도움으로 몇 차례 전화를 걸어 급히 돈을 부쳐달라고 해봤으나 거절당했다고 한다. [...] 오늘 밤에는 다시 두만강을 건너 집으로 돌아가겠다고 했다. 열에 뜬 얼굴로 한마디 한마디 어렵게 말하면서 "가족이란 게 이런 건가?" 어른스러운 한숨을 몰아쉬었다. [...] 잘사는 중국, 더 잘사는 남한에 대해 직접 보고 듣고 알게 되었으나 자신은 바로 병든 부모와 어렵게 사는 가족 때문에 돌아가겠다고 했다. [...] 스웨터를 벗어 주었다. 돌아가신 아버지가 선물로 주신 것이라 잠시 망설이긴 했다.[62]

문득 든 생각이다. 2001년 스승이 만났던 북한 아이가 두만강을 건널 때의 마음과 상황을 어떻게 이해해야 할까? 나는 1860년대 무렵 농사를 짓던 이들, 1900년 전후 명동촌으로 향한 윤동주와 문익환의 가문, 1920년 홍범도와 부대원들 그리고 이후에도 두만강을 넘나들었던

---

62 《한겨레》 2011년 1월 27일 자, "내복만한 효자가 없다"

이들과 그 아이가 무엇이 다르고 같은지 알아가겠다고 다짐한다.

스승이 내준 숙제로 마음이 복잡해지다 보니 방천 풍경화는 여백이 많다. 나는 삼국(러시아, 북한, 중국)의 국경이 만나는 그곳에 가면 김훈이 묘사한 아래 대목을 밑그림으로 삼는다. 이는 하얼빈으로 떠나기 전 주인공 안중근의 시야에 들어온 두만강 하류 전경이다.

> 러시아령 연추는 두만강의 끝이다. [...] 강 건너편 경흥 땅에는 강가에 작은 포구 마을들이 몇 개 들어서 있었는데, 러시아령 쪽으로는 인기척이 없었다. 삼백여 년 전에 조선의 장군 이순신이 녹둔도에 쳐들어온 여진족을 물리쳐서 그 전승비가 남아 있었고, 녹둔도 앞.[63]

이 풍경을 상상할 때마다 한 인물이 생각난다. 1906년 4월 한반도를 떠나 상해(상하이)와 블라디보스토크를 거쳐 연해주 연추로 향했다. 같은 해 8월 간도에 서전서숙을 설립했다. 이후 다시 블라디보스토크로 돌아가 동지들과 함께 1907년 헤이그 특사로 파견됐고 그다음 여정으로 미국에 갔다가 또 블라디보스토크로 향했다. 이회영의 동지이자 길벗이었다. 그는 1871년에 태어난 이상설이다. 30대 중후반인 그 역시 연해주와 간도를 오가며 두만강 하류를 봤을 것이다.

---

63 김훈, 2022, 『하얼빈』, 문학동네, 94쪽.

깜빡할 뻔했다. 위 인용문에 나온 인물이다. 임진왜란 이전인 1588년 무렵 이곳에 도착한 이가 있다. 1545년에 태어났으니 40대 초반이다. 1860년 러시아 땅이 된 이순신의 녹둔도는 방천 전망대에서 보이지 않는다. 두만강을 따라 17킬로미터를 내려가면 동해가 기다린다. 2024년 여름 나는 러시아와 북한을 연결하는 철교 위를 가득 채운 기차를 봤다. 이는 코로나19 시기 이후에 복원된 두 나라 교류의 신호탄이었다.

문익환, 송몽규, 윤동주:
학창 시절 더듬기

"한국 근현대사의 관광 1번지"[64]인 북간도 일정을 짜다 보면 빠지지 않는 마을이 있다. 용정(룽징)에서 두만강 방향으로 15킬로미터 정도를 가면 만나는 명동촌이다. 두만강 중류인 종성과 회령을 건넌 이들이 1899년부터 정착했다.

박사 논문 주제를 고민하면서 찾은 지역이라서 2003년과 2004년 일대를 혼자 며칠씩 걸었다. 연구의 연은 닿지 않았고 나는 압록강으로 갔다. 솔직히 평화롭고 한적한 마을에 1년 넘게 머물며 고전적인 인류학을 할 엄두가 나지 않았다. 그렇지만 이후에도 가고 싶어 하는 답사

64　박우, 2025, 『5층 삼촌: 새로운 연결, 조선족 이야기』, 너머학교, 48쪽.

일원들을 외면할 수 없어 명동촌에 가곤 했다. 그래서 익숙하다.

옛 흔적을 느낄 수 없는 명동학교 건물이 마을 한복판에 자리하고 있다. 봉오동 전투와 훈춘 사건 직후인 1920년 10월 학교가 불타고 1925년 명동중학교는 폐교의 길을 걸었다. 문익환과 송몽규와 윤동주는 그 해 명동소학교를 입학했다. 그런데 윤동주가 1925년 폐교된 명동학교를 졸업했다고[65] 소개한 글들이 있다. 이 내용은 1917년에 윤동주가 태어났고 명동학교가 약칭임을 알면 바로잡을 수 있는 오류다.

학교 옆엔 윤동주 어머니의 오빠이자 이른바 간도 대통령으로 알려진 김약연 동상이 서 있다. 그는 1868년에 태어났다. 도로 위에 새겨진 "시인의 길" 글자를 따라가면 1990년대 초반에 복원한 윤동주 생가가 나온다. 그의 시를 담은 비석들이 반긴다. 언젠가부터 송몽규 옛집도 한국 관광객을 맞이한다. 그들은 툇마루에 앉아 같은 하늘과 공간에서 생과 사를 같이한 이종사촌 사이인 송몽규와 윤동주를 그리워한다.

2024년 마을에 도착하자마자 일행의 동선에서 벗어났다. 마을 옆 도로를 건너 20년 전에 가 봤던 언덕에 올랐다. 늘 마음에 두고 있던 장소에서 멈췄다. 이전에 느꼈던 감흥과 비슷하나 그땐 몰라봤던 장면들이 다가왔다.

만주의 늦가을이었지만 풍경은 아늑했다. 두만강을 건넌 이들이 마음을 붙이고 살 만한 터로 느꼈을 것 같다. 윤동주의 감성이 싹튼 명동

---

[65] 최태성, 2024, 『다시, 역사의 쓸모』, 프런트페이지, 225쪽.

명동촌 언덕에 오르면 윤동주 생가가 자리한 마을 전경, 송몽규와 윤동주와 문익환이 뛰놀았을 뒷산, 오른쪽엔 15만 원 탈취의 선바위 그리고 왼쪽엔 안중근이 바라보았을 한반도 산하가 펼쳐진다. (2024년 10월)

촌이 한눈에 펼쳐졌다. 그는 이곳의 하늘과 바람과 별을 시에 녹였다.

송몽규보다 석 달 늦은 1917년 12월에 윤동주가 첫울음을 터뜨렸다. 이듬해인 1918년 6월에 문익환이 태어났다. 그들이 1931년 봄과 가을 용정으로 이사하기 전 함께 소학교를 다니며 뛰놀던 들판에 100여 년 세월을 건너뛰어 내가 서 있다. 말로 표현되지 않는 이 느낌을 어떻게 표현할까? 물론 생가만 방문하는 이들에게 미안한 마음도 가슴 한구석에 있다.

오른쪽에 선바위가 솟아 있다. 그 언저리가 김약연과 문익환 집이 있던 장채촌이다. 명동촌 너머엔 문익환 어머니의 가문이 살던 터가 있다. 왼쪽에 문익환 집의 식객, 안중근이 봤던 두만강 길목의 산들이 저 멀리 그 자리에 그대로 있다. 그 너머가 하얼빈으로 가기 전인 1908년 그가 한바탕 일본군과 싸운 한반도다.

마을 주변으로 소설 『토지』의 육도천이 흐른다. 내가 건너온 도로에는 흙길의 흔적이 남아 있진 않지만, 길상과 서희가 탄 마차가 이 길을 지나 두만강 너머 회령으로 간다. 조만간 그들은 주막에 머물며 밀고 당기는 사랑의 줄다리기를 벌일 것이다. 그저 부럽다.

1902년에 태어난 회령 출신 나운규는 명동중학교 시절, 윤동주의 돌잔치 음식을 먹었을까? 1926년 개봉한 그의 영화 《아리랑》을 송몽규와 문익환은 언제 봤을까? 그들은 부모들을 따라서 백 리 길의 두만강으로 자주 놀러 갔을까?

마음은 좀 더 언덕에 머물고 싶었지만 "내 삶이 유언이다."를 남긴 김약연과 작별하고 용정으로 향했다. 한국에서 온 이들의 윤동주 발자취 따라가기는 명동촌에서 끝나지 않는다. 용정의 중국 학교를 찾아간다. 운동장 한쪽에 윤동주가 졸업했다는 대성중학교의 옛 건물이 있기 때문이다. 그런데 엄밀히 말하면 윤동주는 그 학교 출신이 아니다.

용정 학교들의 변천사가 복잡하다. 윤동주가 입학한 은진중학교와 졸업한 광명중학교는 다른 학교와 함께 대성중학교로 통합되었다. 그 옛터에 지금의 중국 학교가 들어섰고 1996년 복원된 대성중학교 건물[66]이 있을 뿐이다. 명칭만 바뀐 것이 아니라 학교 자리도 옮겨졌다. 한국 사람은 윤동주의 학창 시절 흔적이 없는 공간을 가고 있다.

---

[66] 안민영, 2013, 『낯선 그리움의 땅, 만주』, 서해문집, 48~50쪽.

이와 관련되어 자료를 파고들수록 당황스러웠다. 윤동주가 졸업했다고 언급되는 학교가 은진·광명·대성·명동중학교였다. 이 학교들이 섞여서 ○○중학교를 졸업했는데 ○○중학교를 편입 또는 졸업했다는 글도 읽었다. 처음엔 사소한 오류를 잡겠다는 가벼운 마음이었다. 하다 보니 문익환, 송몽규, 윤동주 등이 다녔던 학교들은 1930년대의 용정뿐만 아니라 만주를 들여다보는 척도였다. 문익환과 윤동주의 학창 시절을 정리했다.

> 1925년 명동소학교 입학-1931년 3월 명동소학교 졸업-1931년 초 문익환, 늦가을 윤동주는 용정으로 이주, 중학교 진학을 위해 각자 다른 중국소학교 다님-1932년 초 중국소학교 졸업 및 은진중학교 입학-1935년 봄 문익환, 가을 윤동주는 평양 숭실중학교로 전학(4학년과 3학년 편입)-1936년 4월 숭실중학교의 신사참배 문제로 자퇴, 문익환 용정의 광명중학교 5학년, 윤동주 4학년 편입-1937년 2월 문익환 광명중학교 졸업-1938년 2월 윤동주 광명중학교 졸업-1938년 문익환 일본 유학, 4월 윤동주 연희전문학교 입학-1941년 12월 윤동주 연희전문학교 졸업-1942년 봄 윤동주 일본 유학[67]

위에서 송몽규는 빠졌다. 그와 윤동주가 다녔던 학교의 궤적은 대부분 겹친다. 송몽규는 은진중학교 4학년이던 1935년 4월 항일운동을 목적으로 남경(난징)에 갔다. 1936년 4월 체포되었고 9월 석방 후 용정으로 돌아왔다. 그 무렵은 윤동주가 숭실중학교 3학년과 광명중학교 4학년을 다니던 시절이다. 송몽규는 1937년 대성중학교 4학년에 편입했다. 1938년 2월 윤동주는 5년제, 송몽규는 4년제 중학교를 졸업했다.

이를 간추리면 문익환, 송몽규, 윤동주는 은진중학교에 입학했다. 문익환과 윤동주는 숭실중학교도 다녔으나 졸업은 광명중학교다. 송몽규는 대성중학교를 졸업했다.

이 사실이 뭐 그렇게 중요하다고 온갖 기록을 뒤지고 있을까 하는 생각이 들었으나 정리한 보람이 있었다. 나는 용정에 가면 대성중학교 옛터에서 송몽규, 근처 광명중학교 옛터로 이동해서 문익환과 윤동주, 마지막으로 은진중학교 옛터로 가서 그들 셋을 모두 만난다.

용정은
깊다

문익환, 송몽규, 윤동주 등이 살았던 용정(룽징)의 시대상이다. 그곳은 만주의 한 장소만은 아니었다. 이상설의 서전서숙은 민족 계열인 북간도 학교들의 모태였다. 문익환, 송몽규, 윤동주는 요즘 식으로 말하면 대안학교 또는 비인가인 명동소학교를 마쳤

---

67   김형수, 2004, 『문익환 평전』, 실천문학.

다. 중학교 진학을 위해서 중국소학교에 1년을 또 다녀서 졸업했다.

그들은 캐나다 선교 계열인 4년제 은진중학교에 입학했다. 문익환과 윤동주는 만주가 아닌 한반도 소재 대학교로 진학하고자 평양의 미국 선교 계열인 숭실중학교에 편입했다. 그 학교는 신사참배를 거부했다. 그 바람에 용정으로 돌아와 일본의 해외 지정학교 성격이 강한 5년제 광명중학교를 졸업했다.

1930년대 용정 학생들은 만주에 살면서 캐나다 선교사를 만났다. 중국뿐만 아니라 일본과 일제강점기 한반도의 학제가 달라서 선택의 기로에 서 있었다. 이것이 《별 헤는 밤》에 "이국 소녀들의 이름"이 적힌 배경이다.[68] 문익환과 윤동주는 한국 학제로 말하면 초등학교를 두 번 졸업하고 중·고등학교를 세 군데 다녔다.

1914년 발발한 제1차 세계대전의 막바지, 용정과 명동촌에서 수확한 콩이 유럽으로 수출[69]되었던 1918년 전후에 문익환과 송몽규와 윤동주가 태어났다. 1930년대 학창 시절 그들은 북간도에서 만주사변과 중일전쟁을 겪었다. 1939년 제2차 세계대전과 1941년 태평양전쟁을 1945년까지 만주와 일본과 한반도에서 경험했다.

용정은 1920년 봉오동 전투 이후 청산리로 이동하던 독립군의 길목이었다. 항일운동 영향으로 자신들이 다녔던 명동소학교가 중국공립

---

68 김형수, 2004, 『문익환 평전』, 실천문학. 152쪽.

69 송우혜, 2017, 『윤동주 평전』, 서정시학, 22쪽.

학교로 바뀌었다. 한 집안과 마을이 사회주의와 민족주의로 갈라졌다. 이런 1920년대 후반의 상황은 "문익환이 체험한 최초의 분단이었다."[70]

1900년대 명동촌 초기는 대한제국과 청나라 시절이다. 1909년 일본 총영사관이 용정에 들어섰다. 1932년 만주는 중화민국에서 만주국으로 바뀌었다. 두만강 너머 남쪽은 일제강점기였다. 문익환과 윤동주 아버지는 각각 1928년 캐나다, 1923년 일본으로 유학을 떠났던 용정이다.

만주국 시절의 그 공간엔 다른 꿈을 꾼 학생들도 있었다. 정일권은 윤동주보다 한 달 먼저 태어났으나 광명중학교 선배다. 그의 후배들은 만주군관학교 1기의 다수를 차지했다. 이 또한 용정의 모습이다. 윤동주와 정일권은 북간도에서 만난 적은 없다.[71]

1933년 말 용정 인구는 약 1만 5,000명이고 학생은 5,896명이었다.[72] 같은 하늘 아래의 학교들을 졸업했으나 그들의 행로는 서로 달랐다. 어떤 이는 시인 혹은 문사, 어떤 이는 목회자이자 재야 운동가, 어떤 이는 만주국 장교에서 대한민국 장군의 인생을 남겼다.

용정의 옛 학교 터를 찾아다니다가 그 시절 흔적을 느낄 수 있는 건물로 간다. 1909년 간도협약의 결과물인 일본 총영사관이다. 2015년부터 중국은 일본의 만주 침략 역사를 전시하는 용도로 활용한다. 지

---

70 김형수, 2004, 『문익환 평전』, 실천문학. 145쪽.

71 송우혜, 2017, 『윤동주 평전』, 서정시학, 511쪽.

72 곽승지, 2018, 『중국 동북 지역과 한민족』, 모시는 사람들, 100쪽.

1909년 간도협약의 산물인 옛 일본 간도 총영사관 2층에 선다. 1930년대 삶을 마감한 이들에게 인사한다. 전시된 사진 속 광명중학교 교실에선 학생들이 일본식 군사훈련을 받고 있다. (2024년 2월, 2025년 7월, 2025년 7월)

하에 감옥과 고문 현장을 재현해 놓았다.

1920년대 새로 지은 외형 그대로다. 1930년대 송몽규와 윤동주도 봤을 것이다. 그들은 지하실의 고통과 외침을 들었을까? 그로부터 약 10년 뒤 자신들에게 닥칠 삶의 마지막 순간을 상상했을까?

나는 건물 2층에 머문다. 한국 역사가 주목하지 않는 이들의 얼굴 사진이 복도 양옆을 채우고 있다. 그들의 마침표는 대부분 1930년대 초반이다. 전시실의 사진 하나가 발길을 붙든다. 1930년대 광명중학교 학생의 생활을 엿볼 수 있다. 그들은 저 교정에서 어떤 꿈을 꾸고 좌절을 겪었을까? 문익환, 송몽규, 윤동주는 용정에서 젊음의 자화상이 형성되던 20대 전후의 시절을 보냈다. 그들의 삶에 들어가고자 학교 주변 거리를 걷다가 송몽규와 윤동주가 잠들어 있는 안식처로 향한다.

　한편 용정을 떠나기 전, 답사 일행 가운데 꼭 "제2의 애국가"라고 언급하면서 노래를 부르자고 하는 이가 있다. 또는 "일송정도 가죠?"라고 질문한다. 그때마다 나는 〈선구자〉를 작사·작곡한 두 사람이 친일파 논란[73]이 있다고 말한다. 대부분 처음 듣는다는 표정을 짓는다. 자신들이 "좋아하던 가사였다."라고 한숨을 내쉰다.

　〈선구자〉를 둘러싼 문제 제기는 2003년부터 이어져 왔다. 그렇지만 2025년 일송정 주차장엔 한국 손님을 태우고 온 관광버스가 줄지어 서 있다. 한 번 자리 잡은 왜곡을 바로잡기가 쉽지 않다. 용정의 문익환, 송몽규, 윤동주는 나에게 "말 달리던 선구자가 사실은 만주국의 간도 특설대 장교라는 설명이 언제쯤 한국 사회에 필요 없게 될까요?"라고 묻는다.

난 몰라봤다,
송화강을

　　　　　백두산 서쪽의 언저리이자 송화강이 지척인 호텔에 머물곤 한다. 그때마다 저 강 너머가 북간도의 시작과 끝이고 잠을 청한 숙소는 서간도의 시작과 끝 지점인 사실에 의미 부여를 했

73　《오마이뉴스》 2019년 8월 9일 자, "친일파가 만든 '선구자' 흔적 모두 지운다"

다. 아침 산책을 하며 20대 후반의 백석이 1940년 신경(장춘) 생활 몇 개월 만에 써 내려간 시를 떠올린다. 「북방에서」의 일부분이다.

> 아득한 옛날에 나는 떠났다 / 부여를 숙신을 발해를 여진을 요를 금을 / 흥안령을 음산을 아무우르를 숭가리를 [...] 나는 그때 / 자작나무와 이깔나무의 슬퍼하는 것을 기억한다 / 갈대와 장풍의 붙드든 말도 잊지 않았다 [...] 나는 나의 옛 한울로 땅으로-나의 태반으로 돌아왔으나 / 이미 해는 늙고 달은 파리하고 바람은 미치고 보래구름만 혼자 넋 없이 떠도는데 [...] 바람과 물과 세월과 같이 지나가고 없다[74]

처음 시를 읽곤 뜻 모를 시어에 당황했다. 해설집 도움을 받아서야 보래구름은 "작게 흩어져 떠도는 구름"[75]임을 알았다. 시에 등장하는 산맥과 강인 흥안령, 음산, 아무우르 등은 가 보지 못한 곳이었다. 내가 주로 다니는 백두산에서 거리가 먼 곳을 다룬 시라고만 받아들였다. 시인의 역사와 지리 지식이 대단하다고 생각했을 뿐 시 자체가 그렇게까지 감동적인 것은 아니었다.

언젠가 무심히 넘겼던 "숭가리" 시어를 검색했다. 송화강의 만주어였

---

74 고형진 엮음, 2017, 『정본 백석 시집』, 문학동네, 137~138쪽.
75 고형진 엮음, 2017, 『정본 백석 시집』, 문학동네, 139쪽.

다. 아차 싶었다. 「북방에서」가 묘사한 풍경은 내가 익히 봐 왔던 강과 나무였다. 백두산 북파에서 그 강의 출발이 천지임을 눈으로 확인하기도 했다. 자작나무와 이깔나무는 간도 풍경에서 빠질 수 없는 존재다.

부여와 발해를 엮으니 백석의 북방은 만주국 수도 일대만이 아니었다. 만주 전체였다. 그동안 송화강에 대해선 무관심했는데 내 관심사나 고구려와 발해 역사와는 상관없다고 여겨서였다. 만주와 한반도의 강은 두만강과 압록강뿐이었다. 이 지역 삶을 이해하고자 소설『토지』를 정독했다. 2부 1권에서 한 인물이 칠판에 지도를 그렸다.

만주 지도 속에는 동그라미 하나씩 늘어난다. "우리 조선 땅과 아라사, 그리고 청국, 이 세 나라의 국경이 모여있는 이곳은 연해주로 넘어가는 길목인데 여기 훈춘 방면에서 보기로 합시다. 훈춘에서 북쪽으로 사뭇 올라가면 송화강松花江," 송선생은 강줄기를 죽 그어나갔다. 역사를 가르치는지, 지리를 가르치는지 어쩌면 그 두 가지를 다 가르치고 있는지도 모른다. "훈춘에서 송화강까지 그 사이의 거리는 족히 이천 리는 될 것입니다. 우리 조선 땅의 길이를 삼천 리라 하는데 여러분들도 지도상으로 대개는 짐작이 될 줄 압니다." [...] 짧아진 백묵이 송화강을 따라 시베리아로 쭉 빠져나간다. [...] "이 넓은 땅덩어리가 고구려 적에는 우리 영토였었다는 것을 알았습니까?"[76]

이는 학교 선생이 고구려와 송화강을 묶어서 수업하는 장면이다. 학창 시절 역사 공부할 때 들어보지 못한 소재와 방식이다. 만주의 용정 교실이라서 가능했던 내용일까?

지금부턴 백두산 숙소를 출발한 버스가 서간도 한복판으로 향할 때 송화강과 나눈 대화를 소개한다. 고속도로에 들어서면 그때 잠시나마 강 상류의 모습이 보인다. 우선 송화강은 약 1,960킬로미터다. 만주어론 은하수를 뜻한다.

지도로 그 물줄기 흐름을 보면 두만강과 압록강 그리고 하얼빈 사이, 즉 서간도와 북간도를 오갈 때 송화강을 만난다. 두만강과 압록강 상류에서 북쪽 만주의 길림(지린)과 하얼빈으로 갈 때 길 또는 방향의 기준이 된다. 백두산 천지의 북서쪽으로 흘러 부여 수도였던 길림을 지난다. 『토지』엔 송화강과 관련되어 "길림은 수향水鄉이다. [...] 강물은 만주 땅 광활한 들판 거반을 적신다."[77]라는 내용이 나온다.

송화강은 계속 북쪽으로 흐르다가 지류인 눈강이 합쳐지면서 방향을 북동쪽으로 바꾼다. 하얼빈을 지나 지류인 694킬로미터의 목단강이 합류한다. 이제 송화강은 중국에선 흑룡강, 러시아에선 아무르강이라고 부르는 강으로 들어간다. 이 지점부터 본류에서 지류로 처지가 바뀐다.

---

76 박경리, 2015, 『토지 2부 1권』, 마로니에북스, 157~158쪽.
77 박경리, 2015, 『토지 5부 1권』, 마로니에북스, 85쪽.

흑룡강 또는 아무르강은 흥안령 혹은 만주의 북쪽 경계 주변으로 2,824킬로미터를 흐른다. 이 강에 897킬로미터의 우수리강이 지류로 합류한다. 연해주의 독립군 활동을 이야기하면 빠지지 않는 하바롭스크를 지나 오호츠크해로 들어간다. 사할린 인근이다. 부여 때는 송화강을 엄호수 혹은 염리대수라고 불렀다. 부여와 고구려 신화에 등장한다. 주몽이 물고기와 자라의 도움으로 건넜다는 그 강이 송화강이다.

이런 배경을 알고 「북방에서」를 새롭게 읽는다. 송화강이 흐르는 지역엔 부여와 고구려, 주몽과 대조영, 김원봉의 길림과 안중근의 하얼빈이 있다. 더 있다. 아무르강엔 하바롭스크가 있다. 연해주 우스리스크에서 1885년에 태어난 김알렉산드라가 30대 초중반이던 1918년 죽

천지에서 출발한 송화강은 북간도와 서간도를 양옆에 끼고 길림과 하얼빈으로 흘러간다. 안중근의 흔적이 서린 하얼빈 송화강은 중류다. 물길은 아무르강(흑룡강)에 닿기까지 갈 길이 멀다. (2013년 7월, 2025년 7월, 2025년 7월)

음을 맞이한 도시다.

송화강이 흐르고 흘러 아무르강에 합쳐지듯 그녀 가족의 삶 또한 만주와 연해주로 향하던 한반도 사람들의 여정 속에 있었다. 아버지는 함경도 경흥 출신으로 1869년 대흉년 때 두만강을 건넜다.

함경도 경원에서 1860년에 태어난 최재형은 1867년 아버지와 함께 두만강을 건너 연해주에 정착했다. 1920년 60대 초반이던 그는 연해주 4월 참변 때 일본군에 의해 처형되었다. 1871년에 태어난 이상설은 40대를 채우지 못하고 1917년 아무르강과 합쳐지는 우수리강 언저리인 우스리스크에서 지병으로 쓰러졌다.

김알렉산드라, 이상설, 최재형 등의 삶이 깃든 만주와 연해주엔 1909년 하얼빈 의거와 1920년 봉오동 전투 이전 안중근과 홍범도의 자취도 있다. 이들의 궤적을 따라가면 두만강과 압록강뿐 아니라 송화강, 흑룡강 또는 아무르강, 우수리강 등이 등장한다. 1860년대 전후부터 만주와 연해주로 향한 한반도 사람들의 이주와 독립운동의 흐름, 이를 어떻게 이해해야 할까?

어쩌면 이들 강의 명칭에 익숙해지고 강들이 흘러가는 방향과 합쳐지는 위치를 숙지하는 것부터 시작해야 한다. 독립운동가들의 삶은 개별적으로 존재하지 않는다. 그 강들에 스며들어 서로 겹치고 연결되어 있다. 『토지』와 「북방에서」의 송화강이 이를 말한다.

버스는 북으로 향하는 송화강을 뒤로한 채 서간도를 본격적으로 달린다. 나는 창밖 산하를 묘사할 실력이 부족하다. 그래서 소설 『아리랑』으로 대신한다. 1930년대 중반의 서간도다.

산이 산을 품고, 산이 산을 업으며 산줄기들은 억세게 서쪽으로 뻗
어나가고 있었다. 그 깊고 험한 산마다 맘껏 자라난 나무들이 어찌
나 빽빽이 들어찼는지 숲이 우거지지 않았는데도 산속은 그늘져
있었다. [...] 연의 조화는 묘한 것이라서 아무리 험하고 깊은 산이
라고 해도 가파른 비탈 그 어딘가에 평평한 땅을 펼쳐놓기도 하고,
엑센 줄기가 뻗어 가는 아래 샛줄기를 드리우며 분지를 만들어내
기도 했다. [...] 압록강을 건너온 그 사람들은 고향 멀리 북쪽으로
가지 않고 산속으로 파고들어 그런 땅들을 찾아낸 것이었다. 장백
현에서 무송현에 이르는 산골에 그런 사람들이 옹기종기 마을을
이루고 있었다.[78]

이 풍경에 간혹 도시와 아파트와 도로와 전선 등이 더해졌지만 산
하는 약 100년 전과 크게 다르지 않다. 백산(바이산)에서 왼쪽으로 가면
압록강 중류인 북한 중강을 만난다. 이번엔 통화, 신흥무관학교의 옛
터들로 직행한다. 1992년 한·중 수교 전후를 기준으로 약 30년 동안
한국 사회는 그 지점에 독립운동의 산실을 기억하는 표지석 하나조차
세워 두지 않았다.

---

78 조정래, 2013, 『아리랑 10』, 해냄, 195~196쪽.

옛 신흥무관학교 터, 세 곳엔 그 어떤 흔적도 남아 있지 않았다. 백두산으로 이어진 길목에서 청산리로 향하던 신흥무관학교 졸업생들의 발걸음을 상상한다. 한반도와 닮은 서간도 산하를 확인한다. (2025년 7월, 2024년 6월)

버스에서 논쟁이 붙는다. 누구는 중국을 탓한다. 김수환 추기경의 "내 탓이오."를 떠올릴 만한 광경이다. 창밖으로 어떤 이의 표현처럼 꿈틀꿈틀 움직이는 세월 속 여러 장면이 느리게 지나간다. 자신들이 다니던 신흥무관학교가 문을 닫는 모습을 뒤로한 채 지나가는 젊은이들이 보인다.

때는 1920년 여름이다. 그들은 훗날 한국 사회가 청산리 전투로 기억하는 백두산 너머로 향한다. 당시 이동 수단은 무엇이었을까? 기차는 아니다. 전투의 주역들은 며칠이 걸려서 송화강에 도착한다. 그 강에서 목을 축일 때 그들은 약 두 달 뒤 다가올 자신의 운명을 알았을까?

송화강의 고향은 백두산 천지다. 백두산 자락에서 두만강과 압록강도 출발한다. 주소는 다르나 백두산, 한 동네 출신인 두만강과 압록강과 송화강은 만주와 한반도를 씨줄과 날줄로 연결한다. 세 강을 넘나들거나 따라가면 만주, 한반도, 서간도, 북간도로 가는 길목이자 길이다. 그러다가 그들의 선배나 후배인 강들을 만나면 연해주, 개마고원, 북한도 갈 수 있다.

2장

낯설게
따라가기

윤동주의 마지막 여정,
기찻길

나의 책들 제목은 다 다르다. 하지만 남북 교류와 만남이라는 핵심 주제를 공유한다. 다른 사례를 소개한 경우가 한 번 있다. 뜬금없음을 알았으나 한 시인의 마지막 안식처를 찾았던 경험을 남겼다. 그는 윤동주다.

2000년부터 용정 일대를 혼자 또는 사람들과 함께 돌아다녔다. 그러면서도 그곳에 윤동주 시인의 묘가 있는 줄 몰랐다. 2019년 여름에야 처음 찾아간 죄송한 마음에 담배 한 대를 피워 묘 옆에 놓고 묵념했다. 사람들이 "담배를 피웠을까?"라고 물었다. 나는 "시

인이시니까!"라는 말을 하고 돌아섰다.[79]

이를 쓰면서 그에게 또 인사를 하겠다고 결심했다. 하필이면 2019년 말 그때 마음으로 쓴 책이 나왔다. 코로나19가 앞을 막았다. 그래도 끈을 놓지는 않았다.

한편으로 남북 평화 주제로 비대면 강연을 하면서 막간에 "시인 윤동주 묘가 어디 있죠?"라고 묻곤 했다. 생가에 다녀온 이들은 많았으나 아는 이들이 드물었다. 이때다 싶어 "용정에 있다."라고 운을 띄우면서 강의 집중도를 높였다.

2016년 개봉한 영화 《동주》를 뒤늦게 봤다. 송몽규가 나에게 쑥 들어왔다. 코로나19가 기승을 부리던 어느 날이다. 송몽규와 윤동주에게 갈 준비를 무작정 시작했다. 문학도는 아니지만 일본 형무소에서 용정 묘까지의 빈 여백을 메우고 싶었다. 그들이 고향으로 돌아가던 길을 알기 위해서 윤동주 남동생의 기록을 택했다.

> 아버지는 신경에 들러 [...] 안동을 거쳐 후쿠오카에 가셨다. [...] 동주 형의 유해가 돌아올 때 [...] 두만강변의 상삼봉역까지 마중을 갔었다.[80]

---

79 강주원, 2019, 『압록강은 휴전선 너머 흐른다』, 눌민, 220쪽.
80 송우혜, 2017, 『윤동주 평전』, 서정시학, 444쪽.

아버지와 윤동주 유골함의 동선이 그려졌다. 죽은 아들을 만나러 갈 때와 함께 올 때의 기찻길이 겹치거나 달랐다. 두 거리를 따로 계산했다. 다만 기차 노선의 변화에 따른 달라진 거리까지는 정확히 반영하지 못했다.

* 갈 때 기찻길(총 2,033킬로미터): 용정-안동 1,084킬로미터, 신의주-경성 499킬로미터, 경성-부산 450킬로미터
* 올 때 기찻길(총 1,337킬로미터): 부산-경성 450킬로미터, 경성-원산 223킬로미터, 원산-상삼봉 664킬로미터

이를 합하면 대략 3,370킬로미터다. 상삼봉역에서 두만강을 건너 어떤 방법으로 용정에 갔는지는 확인하지 못했다. 기찻길 30킬로미터 남짓을 이용했다면 총거리는 그만큼 늘어난다. 여기에 부산과 일본의 왕복이 빠졌다. 이 여정엔 죽은 아들을 찾아가는 아버지의 마음과 유골함에 담겨 고향으로 돌아온 윤동주의 마지막이 묻어 있다.

그 기찻길을 따라갔다. 아버지는 용정에서 가까운 두만강을 건너지 않았다. 시계 반대 방향으로 멀리 도는 기찻길을 선택했다. 딴 이유는 없다. 신경(장춘)에 사는 친척이 함께 움직였다. 용정-신경-봉천(심양)-안동(단둥)-압록강-신의주-평양-경성(서울)-부산 그리고 바다를 건너서 죽은 아들이 기다리는 형무소로 갔다.

조카인 송몽규를 만난 뒤 아버지는 자식을 유골함에 담았다. 이를

품은 아버지는 집으로 돌아가기 위해, 아니 아들 장례식을 치르기 위해 관부연락선을 타고 다시 바다를 건넜다. 아버지는 아들의 일부와 작별했다. 윤동주 여동생의 기억이다.

> 유골함에 다 담지 못한 윤동주의 유해는 고향으로 돌아가는 도중 한일해협에 뿌려졌다고 한다.[81]

상상의 날개를 펼쳤다. 1945년 겨울에서 봄으로 넘어가는 부산역, 아버지는 기차를 기다린다. 유학 후 아들이 이용할 줄 알았던 역이다. 그런데 자식은 유골함에 있고 본인은 대합실에 앉아 있다. 이렇게 아버지와 동행할 줄은 윤동주도 몰랐을 것이다.

다음은 윤동주에게 낯익은 경성역이다. 그는 1938년 봄부터 고향인 만주 용정과 한반도 경성을 왕래하면서 이 역을 들렀다. 1942년 봄 송몽규와 함께 일본 유학길에 경유했다. 시간을 거슬러 1935년 가을로 간다. 친구 문익환이 먼저 편입한 평양의 숭실중학교로 가고자 이 역에 머물렀다.

> 1935년 봄, 문익환은 [...] 용정에서 기차를 타고 두만강을 건너 싱삼봉, 회령, 청진을 건너면 원산이 나오는데 모든 길은 서울이 끝

---

81 《오마이뉴스》, 2007년 2월 28일 자, "윤동주 육필원고 갖고 월남한 여동생"

송몽규와 윤동주의 삶이 스민 기차역 명칭과 거리가 새겨진 철원 월정리역의 이정표다. 유골함에 담긴 윤동주가 가족의 품에 안겨 두만강을 건너 용정으로 가던 길이다. (2024년 5월, 2024년 8월)

이었다. 그곳에서 다시 신의주행 열차로 바꿔 한참을 거슬러야 평양에 닿을 수 있었다.[82]

그땐 평양과 원산을 잇는 기찻길(1941년 완공)이 놓이지 않았던 시절이다. 우회를 하나 기차로 갈 땐 이 방법이 최선이다. 윤동주는 불과 몇 개월 만인 1936년 초 경의선을 또 탔다. 신사참배 여파로 숭실중학교를 그만두고 용정으로 돌아갈 때였다. 그가 타 보지 못했던 경의선의 나머지 구간인 평양과 신의주의 기찻길은 이후 친구 문익환이 이용했다.

1943년부터 문익환은 압록강 너머 만주에 살고 있었다. 윤동주의 산문 「종시」에서 "내 차에도 신경행 [...] 달고 싶다."라는 구절 속 그곳이다. 문익환은 윤동주 마음을 알고 있었기에 조만간 찾아올 친구를

---

82 김형수, 2004, 『문익환 평전』, 실천문학사, 175쪽.

기다리고 있지 않았을까? 그렇지만 윤동주는 경성역에서 경의선을 타고 압록강을 넘는 희망을 글로만 남겼다. 그때만 해도 윤동주에겐 미래가 있었다.

유골함 속 윤동주는 자신의 시를 따라가고 싶었다. 그러나 친구가 기다리는 신경을 지나가자고 할 수가 없다. 이를 헤아릴 수 없는 아버지는 아들의 "종점"으로 가는 기찻길을 다르게 선택했다. 원산행 표를 구매했다. 그 상황이 내 마음을 후벼판다.

한국 사회는 윤동주가 1945년 마지막으로 이용한 경원선을 끝까지 따라가지 못한다. 한국전쟁 여파로 철원 월정리역에서 막힌다. 2024년 나는 역 근처 전망대에서 윤동주가 봤던 풍경이 아닌 분단의 그림을 담았다. 역엔 그가 탔을지도 모를 철마가 "달리고 싶다"라고 외칠 뿐이다. 윤동주 대신 용정행을 "달고 싶다."라는 꿈이 생겼다.

아버지와 윤동주는 원산에서 경원선과 헤어지고 함경선으로 갈아 탔다. 원산역에서 두만강 옆, 상삼봉역까지 664킬로미터가 남았다. 그들은 완행을 타는 바람에 7시간을 달려왔다. 원산에서 급행으로 갈아 탔으나 14시간을 가야 한다. 송몽규와 윤동주의 친구이자 3년 뒤인 1948년 윤동주 유고 시집을 세상에 빛을 보게 한 강처중의 고향이 원산이다. 윤동주는 기차역에 내려 벗에게 가고 싶지 않았을까?

『백석 평전』을 쓴 안도현은 백석의 마음으로 그가 다녔던 경의선 기차역의 이름들을 하나씩 떠올렸다. 나도 따라 한다. 함경선의 총 95개 역명을 찾아봤는데 아는 지역이 별로 없다. 조금이나마 익숙한 역은 원산·함흥·흥남·신북청·단천·성진(김책)·길주·청진·풍산·회령 정도다.

지도와 북한이 고향인 지인의 도움을 받았다. 흥남과 성진 사이는 해안을 따라서 기차가 달린다. 거리가 230킬로미터이고 한국의 7번 국도보다 동해를 가까이 지나간다. 나의 소망 목록에 이 구간의 기차 타기를 넣었다. 동행을 약속받은 이들은 송몽규와 윤동주다. 그들과 함께 여행한다는 상상만으로 세상 누구도 부럽지 않다.

그들이 봤을 기찻길 옆 바다로 가지 못하는 답답한 마음을 달래고자 함흥역 명칭을 한참 쳐다봤다. 한 인물이 생각났다. 1938년 윤동주는 함흥역에서 그가 좋아하던 시인 곁을 스쳐 지나갔을지 모른다. 아니면 앞뒤 좌석에 앉아 경성까지 가지 않았을까?

내 마음속 우연한 만남의 주인공은 백석이다. 1937년 여름 용정의 광명중학교 졸업반 시절이다. 윤동주는 100부 한정판인 백석 시집 『사슴』을 구하지 못해 대신 필사했다. 이 일화는 두 시인의 연결 고리로 유명하다.

1938년 전후 백석은 경성과 함흥을 기차로 왕복하곤 했다.[83] 윤동주가 연희전문학교에 입학한 해다. 1912년에 태어난 백석은 20대 중반이고 다섯 살 어린 윤동주는 20대에 접어들었다. 백석은 1938년 「나와 나타샤와 흰 당나귀」, 윤동주는 1937년 「오줌싸개지도」를 창작했다.

---

83 안도현, 2022, 『백석 평전』, 다산북스, 168~194쪽.

두 시의 일부다.

> 나타샤를 사랑은 하고 / 눈은 푹푹 날리고 / 나는 혼자 쓸쓸히 앉어 소주를 마신다[84]

> 위에 큰 것은 / 꿈에 본 만주 땅 / 그 아래 / 길고도 가는 건 우리 땅[85]

이를 소재로 삼았다. 백석이 기차에서 "혼자 쓸쓸히 앉어 소주"를 마시며 창밖의 "푹푹 날리"는 눈을 바라본다. 앞자리에 있던 윤동주가 인사한다. 고향인 "만주" 이야기로 어색함을 지우다가 갑자기 『사슴』을 좋아한다고 말한다. 백석이 "내 작품이다."라고 말하면서 웃는다. 윤동주 눈이 반짝인다. 두 사이를 바라만 보던 송몽규도 대화에 끼어든다.

이 장면에서 벗어나 보니 기차는 이미 청진에서 북쪽으로 방향을 틀어 산악지대로 접어들었다. 아버지는 회령에서 내린 뒤 두만강을 건너 윤동주 고향인 명동촌으로 가지 않았다. 상삼봉역에 내렸다. 아버지와 아들의 이별 여행에 가족이 합류했다. 윤동주는 동생 품에 안겼다. 두만강을 건너 용정 집으로 갔다. 2024년 가을, 나는 79년 전 윤동주가 마지막으로 지나갔던 북간도 길을 묵묵히 걸었다.

---

84 안도현, 2022, 『백석 평전』, 다산북스, 174쪽.
85 이복규 엮음, 2016, 『윤동주 시 전집』, 지식과 교양, 122쪽.

송몽규와 윤동주를 만나러 가는 길과 그들의 안식처 언저리 풍경은 늘 새롭다. (2023년 11월, 2024년 10월, 2024년 8월, 2025년 6월)

장례위원장은 친구 문익환의 아버지이자 은진중학교 스승인 문재린이 맡았다. 연희전문학교 졸업 사진이 영정에 담겼다. 그는 2월 16일 세상을 떠났고 3월 6일 장례식이 있었다. 다음날인 3월 7일 송몽규는 윤동주가 기다리는 하늘나라로 떠났다.

그해 6월 한자로 "시인윤동주지묘"라 새긴 비석이 세워졌다. 송몽규 묘는 명동촌 옆 장재촌 뒷산에 있었다. 1990년 "청년문사송몽규지묘" 비석과 함께 윤동주 곁으로 왔다. 그들이 잠든 곳은 언덕 윗자리다. 바람이 시원하게 불고 별과 들판이 잘 보인다.

그들을 만나러 갈 때 꽃다발과 술과 안주를 준비해 간다. 반대 의견이 있으나 담배도 챙긴다. 세 달 차이지만 그래도 위아래가 있으니 먼저 송몽규에게 인사한다. 함께 온 이들이 송몽규와 윤동주 앞에서 시를 낭송한다. 그들 곁에서 사진을 찍겠다고 차례를 기다린다. 다들 이

만한 추억 쌓기가 없다는 표정이다. 사모했던 마음을 전하는 한마디가 다채롭다. "나의 젊음을 흔들었던 시인에게 너무 늦게 찾아왔다."라는 표현이 인상 깊었다.

횟수를 거듭할수록 송몽규와 윤동주를 찾아가는 길 자체에 매료되었다. 큰 도로에서 걸으면 30분이 넘는 거리라 택시를 이용하곤 했다. 이 경험이 마치 시의 한 구절이다. 마을 뒤편 자작나무 길을 올라가다 우회전하면 옥수수밭이 펼쳐진다. 봄과 여름과 가을과 겨울, 눈과 안개와 비의 연출이 다르다.

그 길은 윤동주의 시 「소년」을 그대로 옮겨 놓았다. "여기저기서 단풍잎 같은 슬픈 가을이 뚝뚝 떨어진다. 단풍잎 떨어져 나온 자리마다

송몽규와 윤동주 묘 앞에서 그들을 추억하는 시간은 행복 그 자체다. (2025년 7월, 2024년 7월, 2024년 2월, 2023년 11월)

봄을 마련해 놓고 나뭇가지 위에 하늘이 펼쳐 있다." 물론 "모든 죽어 가는 것을 사랑해야지 나한테 주어진 길을 걸어가야겠다."라는 「서시」 는 말할 필요도 없다.

봄엔 당연히 「별 헤는 밤」의 "무덤 위에 파란 잔디가 피어나듯이 이름 자 묻힌 언덕 위"를 찾아가는 순간이 설렌다. 겨울엔 빙판을 핑계 삼아 택시 대신 걷는다. 윤동주를 마지막으로 보내던 날, 영정 사진을 덮은 눈보라를 체감하기에 안성맞춤이다. 솔직히 여름엔 더우나 옥수수밭에 파묻히는 듯한 느낌이 좋다. 고개를 들면 송몽규의 「하늘과 더불어」처 럼 "푸름이 깃들고 태양이 지나고 구름이 흐르고 달이 엿보고" 있다.

한번은 지인이 "이곳을 찾는 마음은 무엇이냐?"라고 물었다. 내 대 답은 이랬다. "스물아홉에 영원이 되었다고 문익환이 읊조렸듯 송몽규 와 윤동주를 만나러 갈 때면 치열하고 부끄러운 20대 시절로 돌아가는 것 같아 기분이 묘하다. 혼자가 아니라 뜻 맞는 이들과 함께여서 더 좋 다. 다른 이유가 필요할까!" 하룻밤 잠을 청할 때마다 용정엔 "오늘 밤 에도 별이 바람에 스치운다."

용정과 회령 사이:
『토지』의 서희와 길상과 함께

김대중 대통령이 평양 방문을 했던 2000년 여 름이다. 나는 북간도에 처음 갔다. 동서남북을 구분하지도 못한 채 현지 지인을 따라다녔다. 용정(룽징)에서 두만강으로 가는 길을 무심코 지나갔다. 그 끝자락에서 강 너머의 북한 회령을 마주쳤다. 강변 따라 한참을 걸었다. 두만강이 몇 미터 앞에 흐르는 집에서 하룻밤을 잤다.

이런 경험이 어떤 의미인지를 생각조차 하지 않았다. 그게 전부가 아니었다. 다음 날 아침이다. 연구 인생을 결정지을 상황을 보고 들을 줄, 그땐 몰랐다. 13년이 지나서야 첫 번째 책『나는 오늘도 국경을 만들고 허문다』에 이를 남겼다.

> 두만강을 바로 옆에 둔 어느 조선족 소학교 교장의 말은 국경에 대한 상상력을 자극했다. [...] 두만강 건너편에 있는 지역과 활발한 왕래가 가능했죠. 밤엔 양쪽 청년들이 서로 만나 술 한잔하면서 친구로 지내고 누구네 집에 있는 밥숟가락 숫자도 알 정도였으니까.[86]

2014년 두만강 상류에서 하류로 가면서 회령을 만났다. 강변의 중국 마을에서 백숙을 먹었다. 용정에서 두만강까지는 55킬로미터다. 중국 용정에서 북한 회령으로 이어지는 길을 가로지르는 두만강은 남북 교류와 만남의 길목으로 선명하게 다가왔다. 그 그림은 단절이 아니라 교류였고 평화였다. 이 책의「한국 사람은 두만강의 도문과 방천만」에

---

86 강주원, 2013,『나는 오늘도 국경을 만들고 허문다』, 글항아리, 8~9쪽.

서 설명했듯, 2016년 전후부터 한국 사람인 나는 회령 앞을 흐르는 두만강에 가지 못하고 있다.

2025년 전후 윤동주의 명동촌 언저리에서 매번 차를 멈췄다. 오른쪽으로 가면 "삼합 45km"라는 도로 표지판을 한동안 바라봤다. 그 지역에서 강을 건너면 회령임을 알기에 이를 두만강 45킬로미터로 바꿔 읽었다. 인류학 연구자로서 현장에 가지 못하는 답답함이 쌓여갔다. 이를 해소살 방법을 찾아야 했다. 우선 1910년대 그 길이 궁금했다. 언젠가 접했던 책이 떠올랐다.

서희와 길상 또한 이와 비슷한 이정표 앞에서 발을 멈췄을 것이다. 그들이 넘나들던 두만강이 여기서 45km 너머다. 소설 『토지』가 그려낸 용정과 해란강 그리고 3시 방향의 산 사이 골짜기는 회령으로 이어진다. 그 길 곁으론 육도천이 흐른다. 나는 박경리가 표현한 겨울철 "육로가 된 두만강"에 남겨진 발자국을 상상해 봤다. (2023년 11월, 2025년 8월, 2025년 8월, 2014년 7월)

5부 16권으로 완간된 소설 『토지』다. 용정을 주 무대로 다룬 2부는 1992년 한·중 수교 이전에 집필되었다. 이를 두고 "작가가 용정을 직접 가 보지 않고 작품을 썼음에도 배경 묘사가 실제 정경과 놀랍도록 흡사했다."[87]라는 일화가 있다. "설마 비슷할까?"라는 의심 섞인 트집을 잡고 싶었다.

소설 1부는 1908년 5월로 끝을 맺고 2부는 1911년 5월부터 1917년 가을까지가 시간적 배경이다. 1부 4권부터 밑줄을 그었다. 북간도 이주 계획이 나올 때부터 다음 이야기가 기다려졌다. 나의 고향은 진주다. 소설의 "삼천리 밖", 한반도 남쪽 하동에서 만주 용정까지의 거리감이 와닿았다.

1906년부터 경부선과 경의선을 타면 신의주까지는 갈 수 있었다. 하지만 안동(단둥)에서 심양(선양)까지는 기찻길이 없다. 심양에서 장춘(창춘)까지는 있었다. 장춘에서 용정까지는 없다. 요약하면 압록강을 넘어 용정까지 지름길로 가더라도 700킬로미터가 넘는다.

또한 경성(서울)에서 두만강으로 가는 기찻길도 없다. 약 20년 뒤엔 경성과 회령을 기차로 갈 수 있다. 거기에서 두만강을 건너면 용정이다. 하지만 이는 만주와 한반도를 연결하는 기차 역사만을 고려한 성급한 판단이었다. 1908년을 살아가던 소설의 인물들은 배편을 이용했다.

---

87 《한국일보》 2008년 5월 6일 자, "소설 토지와 작품세계"

상현은 길상과 상의하여 부산에 나가 보기로 했다. 간도까지 육로로 가기는 어려운 일이었으므로 일단 부산까지 가서 선편을 알아보는[88]

"아! 그 시절 그랬구나!"라는 깨달음 덕분에 자료를 찾았다. 만주와 한반도를 잇는 바닷길이 있었다. "그들은 청진에서 내렸을까? 아직 회령까지는 90킬로미터 남짓이다. 하동에 지리산이 있지만 회령으로 가는 길에 고봉들이 즐비하다. 소설에서는 어떻게 다룰까?"라고 말을 흐리며 2부 1권으로 넘어갔다.

책 앞부분엔 소설의 지리적 배경을 돕기 위한 지도가 수록되어 있는데 1부엔 진주와 하동과 지리산만 담았다. 2부엔 만주와 한반도로 바뀌었다. 자세히 살폈다. 이번엔 기찻길이 그려져 있었다. 그런데 소설 배경인 1910년대의 모습이 아니었다. 1930년대 전후 개통한 기찻길까지 표시한 지도였다. 소설의 시간과 맞지 않는 지도가 아쉬웠다.

박경리는 1부 끝과 2부 시작인 그 시절 하동과 용정을 잇는 기찻길이 없었다는 사실을 알고 있었다. 그들은 1908년 "오월 십육일" 부산을 출발해 "칠월 초순"[89] 용정에 도착했다. 기찻길이 있었다면 며칠이 걸리지 않았을 여정이다.

---

88 박경리, 2015, 『토지 1부 4권』, 마로니에북스, 407~419쪽.
89 박경리, 2015, 『토지 2부 1권』, 마로니에북스, 80쪽.

2부 1권의 시대적 배경은 1911년 5월부터다. 두만강이 만주와 한반도 사이의 국경으로 바뀐 시절이다. 2부를 읽는 초점을 정했다. 일제 강점기라는 큰 틀에서 1909년 간도협약 이후 용정과 회령과 두만강의 시대상이 어떻게 묘사되는지를 파고들었다. 풍경 일치의 확인 또한 잊지 않았다.『토지』에 나오는 역사의 길을 걸었다.

시대와 사건과 역사 인물이 등장하면 읽기를 멈췄다. 작가는 어떤 일들이 있었던 해를 연도로 표현하지 않았다. 이를테면 1911년을 "금년", 그 전해를 "지난해"로 일컬었다. 역사 연표와 일치했다. 단지 "지난해 십이월, 압록강 철교 준공"[90]에선 1911년이기에 "지난해"가 아니라 "금년"이 맞다. 작가가 이것만 놓쳤다. 용정과 회령 사이의 풍경이다.

> 멀리 해란강 하반河畔을 따라 육도천이 합류하는 회령 가도를 향해 펼쳐진 상부商埠 예정지 넓은 들판에 청나라 농부들이 밭에 씨앗을 뿌리고 있었다. [...] 용정과 회령 사이는 백삼십 리가 넘는 이정里程, 신흥평까지의 사십 리 남짓한 길은 비교적 넓고 평탄하며 달리기는 수월할 것이다. 육도천을 건너고 강변을 따라 달리고 있다. 강 건너 쪽은 계속하여 들판이요. 왼편은 구릉이 나타났다가 사라지곤 한다.[91]

---

90 박경리, 2015,『토지 2부 1권』, 마로니에북스, 173쪽.

91 박경리, 2015,『토지 2부 1권』, 마로니에북스, 29~76쪽.

용정을 떠올릴 때 해란강만 생각했는데『토지』엔 "육도천"이 반복해서 등장했다. 해란강과 만나는 육도천은 명동촌으로 갈 때 스쳐 보긴 했으나 이름 모를 자그마한 개울로 여겼다. 북간도의 삶이 묻어나는 물줄기임을 알지 못했다.

박경리는 용정과 명동촌을 가 본 적이 없다는데 동영상을 보고 집필했다고 믿고 싶을 정도로 그대로 묘사했다. 다양한 글에서 북간도 혹은 용정 일대를 만주 벌판으로 표현한다. 그런데 저자는『토지』에서 이를 쓰지 않았다. "집 뒤의 숲은 소나무 전나무 느릅나무"[92]와 같이 언덕과 숲이 자주 나왔다.

용정 주변은 한국 사회가 상상하는 광활한 의미의 만주 벌판과는 다르다. 다만 용정엔 서전서숙의 그 서전평야가 있다. 5부는 만주 벌판 위치를 한 줄로 설명한다. "신경은 물론 길림 오는 동안에도 산은커녕 언덕 하나 볼 수 없었다."[93] 다음 대목은 두만강과 회령을 그렸다.

나루터에 닿았을 때 해는 서편으로 엄치 기울어져서 사선으로 보내오는 빛살을 받고 물결은 번득번득 황금빛으로 희번덕이고 있었다. 강구를 향해 떠내려가는 긴 뗏목 배, 장대를 든 뗏목꾼은 은자隱者와도 같은 모습으로 이켠 나루터를 바라보는 것이었다. 철새

---

92 박경리, 2015, 『토지 2부 1권』, 마로니에북스, 204쪽.

93 박경리, 2015, 『토지 5부 1권』, 마로니에북스, 86쪽.

가 무리를 지어서 나는 하늘을 올려다보며 들꽃들이 피어 있는 길
섶 곁을 흰 모시 두루마기 입은 길상이 성큼성큼 걸어가고 [...] 회
령에 들어서니 땅거미가 질 무렵, 잡화상 점두店頭로부터 비쳐나온
몇 개의 등불은 희미하고 칠월로 접어든 초여름의 저녁 바람이 살
랑거린다. [...] 순사가 지나간다.[94]

위에서 묘사된 1911년의 두만강엔 역사책과 소설의 단골 소재가 보
이지 않는다. 일본 순사가 지키는 강의 모습이 없다. 회령 거리의 지게
꾼, 아낙, 양복쟁이, 일본 여자, 검은 고양이가 나오는 장면에서 "순사
가 지나간다."라는 문장 한 줄이 전부다.

2부 2권에도 "마차는 쾌적하게 달렸고 푸른 두만강을 질러서 나룻
배는 대안 조선의 땅으로 길상을 내려놨다."[95] 두만강은 1909년부터
청나라와 일제강점기의 한반도를 구분하는 국경의 강인데 저자는 검
문과 순사를 등장시키지 않았다. 이는 허구 또는 사실일까? 소설의 시
대적 배경은 일제강점기에 접어든 지 1년 뒤인 1911년이다.

십이월로 접어들었다. [...] "아가씨 몸이 아파 회령 병원에 가신답
매." [...] 사계절 어느 때보다 활기에 찬 느낌이다. [...] 용정은 바

---

94 박경리, 2015, 『토지 2부 1권』, 마로니에북스, 173~174쪽.
95 박경리, 2015, 『토지 2부 1권』, 마로니에북스, 31쪽.

야흐로 육로가 된 두만강을 수없이 달릴 마차에 짐을 가득가득 실어 보내야 하는 관문[96]

겨울 북간도 용정이 "사계절 어느 때보다 활기" 차다고 했다. 두만강은 "육로"다. 주인공 서희와 길상이 보고 다니던 풍경은 저자의 상상에서 비롯된 것일까? 만주 겨울을 춥고 고되다고만 여기는 사람들의 시각으론 이해하기 어렵다. 그러나 용정 현지에서 들은 이야기에 따르면 1911년 무렵 두만강을 넘나들었던 이들은 그렇게 살았다. 저자는 다리가 없던 시절의 겨울 두만강을 알고 있었다. 이를 소설에 녹였다.

두만강을 그냥 달려갈 마차, 여정은 한결 빨라지겠지. 마차 바퀴는 빙판 위에서 매끄럽게 굴러간다. 멀리 구릉진 곳에 회갈색 수노루 한 마리가 뛰어가는 것을 볼 수 있고 잎 떨어진 백양나무는 연방 마차 창밖에서 달아난다. [...] 회령에 도착했다.[97]

이들에게 결정적인 계기가 왔다. 그것은 용정을 향해 달리던 마차가 [...] 계곡 사이의 좁고 가파로운 내리막길을 달리던 마차가 돌연 뒤집히면서 계곡으로 굴러떨어진 것이다.[98]

---

96 박경리, 2015, 『토지 2부 2권』, 마로니에북스, 87~88쪽.
97 박경리, 2015, 『토지 2부 2권』, 마로니에북스, 92쪽.

회령에서 두만강을 건너자마자 만주 벌판이 펼쳐진다면 마차가 굴러떨어질 수 없다. 실제로 그 길은 산과 계곡의 연속이다. 소설엔 용정과 회령뿐 아니라 청진과 일본으로 이어지는 곡물 길이 나온다. 그때의 언 두만강은 북간도 용정과 바다 건너 일본을 연결한다.

듣자 하니 일본 미시장에서 곡가가 뚝뚝 떨어지고 있는 형편이라서 청진서는 배가 뜨지 못하는 게고 그러니 이건 길 막힌 곳에 마차가 자꾸 밀어닥치는 꼴이라. 그렇지. 바로 그 꼴이지. 강이 얼었으니 회령서는 간도 곡물을 아니 실어낼 수도 없고 말이오.[99]

2부 3권까지 만주의 기찻길 이야기가 없다가 저자는 4권에서 "어느덧 기차는 하얼빈역 구내로 들어서고 있었다."[100]라는 장면을 넣는다. 그러니까 도착역만 묘사하였다. 1917년이면 용정에서 하얼빈으로 가는 기차가 없던 시절이다. 저자는 만주 지역마다 개통 시기가 다른 기찻길을 반영했다. 이제 2부 마지막 장면이다.

"마차를 타고서, 또 강을 넘을 땐 배를 타고." 서희는 흐느껴 울며

---

98 박경리, 2015, 『토지 2부 2권』, 마로니에북스, 128쪽.
99 박경리, 2015, 『토지 2부 2권』, 마로니에북스, 101쪽.
100 박경리, 2015, 『토지 2부 4권』, 마로니에북스, 323쪽.

말했다. "그다음 또 기차를 타고 그러는 동안 윤국인 어떠하니?"
[...] 두 대의 마차는 빤하게 난 가도를 달리기 시작했다. 남은 여자
들은 손수건을 흔들고, 그리고 속력을 낸 마차는 활시위에서 떠난
화살같이 가는 것이었다.[101]

1917년 가을의 일이다. 그동안 북간도 용정과 한반도를 오가던 인
물 공노인은 기차를 이용한 적이 없었다. 서희는 용정을 정리하고 한
반도 남쪽으로 가며 "그다음 또 기차를 타고 그러는 동안"을 언급한다.

저자는 1917년 11월 회령과 원산의 함경선이 부분 개통되었다는 사
실을 소설에 담았다. 서희 가족은 첫 승객이었을까? 이번에도 소설 속
장면의 시기와 기차 역사가 절묘하게 맞아떨어졌다. 읽기를 2부에서
멈추고 회령과 두만강을 정리했다.

회령은 역사의 단골 무대다. 4군 6진에서 말하는 그 회령이다. 회
령개시가 있다. 그 지점의 두만강 폭이 좁아서 1860년대뿐만 아니라
1900년대 전후 많은 이들이 도강하던 지역이었다. 상삼봉 또는 남양
이 철도로 중국과 연결되기 전까지 만주와 한반도를 연결하는 길목이
었다.

『토지』의 독후감은 이렇다. 저자는 기차 소재도 사실대로 녹여 썼
다. 용정과 회령과 두만강의 풍경을 있는 그대로 묘사했다. 1910년대

---

[101] 박경리, 2015, 『토지 2부 4권』, 마로니에북스, 409~411쪽.

북간도와 한반도의 국경인 두만강을 일상적으로 넘나들던 사람들의 시대상을 반영했다. 소설의 시대적 배경인 1917년에 송몽규와 윤동주가 태어났다. 그들의 고향인 북간도를 들여다볼 때면『토지』를 곁에 두기 시작했다.

참 박경리는 "간도 연해주를 왔다 갔다."[102] 와 같은 표현으로 두 지역의 삶을 치밀하게 다루었다. 그동안 출간한 나의 책 네 권을 챙겼다. 허투루 쓴 단어들이 눈에 들어왔다. 연구자의 자세를 다잡았다.

두만강 하류, 방천에서 훈춘과
봉오동과 청산리를 지나

나는 중국 방천(팡촨)에서 두만강 하류와 삼국(러시아, 북한, 중국)이 만나는 풍경을 바라보곤 했다. 전망대에 오르면 우선 동남쪽으로 시선을 둔다. 러시아와 북한을 잇는 일명 두만강철교가 보인다.

중국 선착장에서 출발한 보트가 북한과 중국이 공유하는 두만강을 달린다. 다리 아래를 통과하지 않은 채 앞에서 빙빙 돌다 돌아온다. 다리부터 강 중앙이 러시아와 북한의 국경이다. 따라서 강 중앙을 기준으로 다리 왼쪽과 그 너머는 러시아, 맞은편은 북한이다. 북한에서 봤

---

102 박경리, 2015, 『토지 2부 1권』, 마로니에북스, 51쪽.

을 때 강 중앙의 왼쪽 난간이 북한과 중국의 국경면과 러시아와 북한의 국경선이 만나는 꼭지점이다.

2024년 방천을 뒤로하고 훈춘, 도문(투먼), 용정(룽징), 화룡(허룽)을 지나 백두산 이도백하(얼다오바이허)로 향했다. 버스는 휴게소 외엔 멈추지 않았다. 거리는 360킬로미터 안팎이다. 이도백하에서 백두산 천지까지는 57킬로미터 정도다.

강둑이 도로보다 높아 물줄기가 보였다가 사라지기를 초반에 반복한다. 이번 일정엔 없으나 훈춘에서 방향을 오른쪽으로 틀면 연해주

두만강을 기준으로 왼쪽 아래 육지는 중국, 위는 러시아다. 오른쪽은 북한이다. 러시아와 북한을 잇는 다리 위로 기차가 지나간다. 북한과 중국이 공유하는 두만강에 보트가 달린다. (2024년 7월)

화룡에서 백두산 가는 길의 풍경이다. 정작 봉오동과 청산리의 6월과 10월을 담은 사진이 내게 없다.
(2024년 2월, 2024년 10월, 2024년 2월)

연추(크라스키노)와 블라디보스토크로 향하는 입구인 장영자(창링즈) 해관(세관) 건물이 있다. 훈춘과 연추는 발해와 일본을 잇던 길목이었다.

이번 여행 한 달 전 나는 중국에서 러시아 버스를 타고 중·러 국경을 넘었다. 1864년 함경도 농민들의 연해주 첫 정착지이자 새로운 땅을 뜻하는 지신허, 1909년 2월 안중근의 단지동맹을 기억할 수 있는 지역을 연달아 마주했다. 독립과 친일과 밀정과 추방의 길을 가던 이들이 몸을 실었던 기찻길을 사진에 담았다.

예정대로 버스는 훈춘 외곽을 달린다. 두만강이 S자로 흐르는 일대에서 인터넷 지도가 북한 경흥과 경원과 아오지가 강 너머에 있다고 한다. 세 사람을 떠올렸다. 1844년 경원개시에서 천주교 신자를 만나고자 했던 20대 초반의 김대건, 1867년 기근으로 부모와 함께 고향을 떠나던 10대가 되기 전인 최재형, 1908년 여름 일본군과 전투를 한 뒤 다시 두만강을 넘어온 20대 후반의 안중근이다.

도로 이정표를 따라 오른편으로 가면 왕청(왕칭)이 나온다. 그곳엔 청산리 전투의 한 축인 북로군정서 옛터가 있다. 왼쪽으로 두만강 너머 북한 남양을 한눈에 바라볼 수 있는 도문이 보인다. 오른쪽으로 2킬로미터를 못 가 1920년 6월의 봉오동 전투 지역이 나온다. 버스는 연길(옌지) 시내를 관통하지 않고 용정으로 향한다.

한반도 회령으로 가는 도로로 빠지면 2023년 방영한 드라마 《도적: 칼의 소리》의 소재가 된 15만 원 탈취 사건 기념비가 있다. 철혈광복단 단원들이 회령의 은행에서 용정으로 가는 마차를 지켜봤던 언저리다.

그들은 지금까지 내가 왔던 길을 따라 연해주로 갔으나 1875년에 태어난 밀정 엄인섭의 배신이 기다리고 있었다. 결국 일본 헌병대에 체포되었고 그 돈을 압수당했다. 역사는 가정이 없다고 하나 1920년 1월의 일이니 봉오동 전투 몇 개월 전이다. 15만 원이면 독립군 약 5천 명이 소총으로 무장할 수 있었다.

발해 5경 가운데 중경인 화룡이 얼마 남지 않았다. 두 달 전 이 길을 달릴 때였다. 이 지역의 공장에서 북한 해외노동자들이 코로나19 이전과 마찬가지로 일하고 있다는 사실을 들었다. 그들 삶에서 남북 교류와 만남의 현재진행형 길을 고민했다. 이번엔 다른 시대에 이 길을 걸었던 이들을 생각한다.

나는 간도참변을 떠올리며 옷깃을 여민다. 희생자는 3,000명을 넘었다. 1920년 전후 만주엔 약 46만 명의 한반도 출신 사람들이 살고 있었다. 참고로 3·1 운동 사망자가 7,645명[103] 규모다. 일본은 "2만여 명의 정규군을 출동시켜 독립운동 세력에 대한 대대적인 공격에 나섰다."[104] 전투가 벌어지면 군인만 희생되고 끝나지는 않는다는 비극을 누구나 안다. 1920년대 북간도에 살았던 이들의 승리의 기쁨과 더불어 슬픔과 아픔이 버스 창밖 길에 뒤섞였다. 이를 함께 기억해야 한다.

이제 차는 화룡으로 접어든다. 1920년 10월의 청산리 전투 일원은

---

103 심용환, 2019, 『단박에 한국사(근대편)』, 위즈덤하우스, 320쪽.
104 배성준, 2006, 「간도, 간도 출병」, 『역사용어 바로쓰기』, 역사비평사, 300쪽.

시내에서 왼쪽으로 20킬로미터 남짓한 곳에 떨어져 있다. 1881년에 태어난 서일은 이 전투의 총재였다. 40대 전이다. 그가 잠든 대종교 3인 묘는 시내 초입에 있다.

도로 왼쪽 대략 50킬로미터 지점에 두만강이 흐른다. 강을 따라 상류로 가다 보면 너머가 북한이자 노천 철광석의 무산과 감자의 대명사인 대홍단이다. 다음으로 백두산 천지 인근에 이른다. 두만강이 눈에 밟히지만 아쉬움을 남긴 채 화룡을 벗어난다.

코로나19 이전엔 청산리 전투에 참여했던 이들이 걸으면서 봤을 풍경, 백두산을 닮아가는 산하를 조금이나마 느낄 수 있었다. 그런데 터널이 계속 나타나는 고속도로가 생겼다. 시간은 단축되어 좋으나 아쉽다. 그들이 남긴 행군의 발자취를 따라가지 못한다.

이제 이도백하에 들어선다. 그들은 봉오동의 여름 서쪽으로, 청산리의 가을 다시 서쪽으로 이동했다. 이후 여정이다. 백두산에서 북쪽으로 방향을 바꿔 길림으로 향했다. 송화강을 건너 계속 북상했다. 아무르강도 건넜다. 백두산 언저리부터 계산해도 이동 거리가 어림잡아 1,400킬로미터다.

그땐 말 그대로 만주는 겨울이었다. 그들이 닿은 곳에선 1921년 6월의 자유시 참변이 기다리고 있었다. 두만강 너머 한반도 산하에서 떠오르는 해를 봤던 봉오동 전투가 1년 전이다. 이 여정은 길었고 세월은 짧다. 가슴이 먹먹하다. 내일은 백두산 천지와 개마고원 일출이 나를 기다린다.

기차 타고 백두산에서 단둥까지:
돈화·길림·장춘·심양을 경유

겨울엔 폭설에 대비해 북간도에서 서간도인 압록강 하류까지 이동할 때 기차를 이용한다. 백두산 이도백하(얼도오바이허)를 출발해 돈화(둔화)·길림(지린)·장춘(창춘)·심양(선양)역을 경유한다. 마지막으로 단둥역에 도착한다. 시계 반대 방향으로 달리는 기찻길이다.

이 여정은 대략 1,026킬로미터로 5시간이 걸린다. 2000년대엔 밤 기차를 주로 이용했다. 기본 20시간 안팎을 완행 기차에서 보냈다. 도보나 말이나 마차로 다니던 사람들이 1903년부터 만주에서 기차를 탔을 때의 기분을 조금이나마 알 것 같았다.

나는 2021년 말 개통한 역에 갔다. 변방 지역에 세워진 건물 크기를 보고 중국의 힘과 변화를 실감했다. 출발하자마자 백두산과 작별한 기차가 도착한 지역은 돈화다. 698년 대조영 건국지인 동모산이 역 근처다.

그러고 보니 길림역에 내린 적이 없다. 지난번 기차 여행 이후 귀국해 아들의 한국사 교과서를 빌려 읽었다. "송화강 유역에 자리 잡은 부여"[105]가 눈에 들어왔다. 더 찾아보니 그 일대가 길림이다. 광개토대왕의 용담산성도 있다.

---

[105] 노대환 등, 2023, 『고등학교 한국사』, 동아출판, 11쪽.

길림은 송화강과 먼 역사만을 품고 있지 않았다. 1898년에 태어나 20대 초반인 김원봉과 그의 동지들은 1919년 11월 의열단을 결성하고 중국 농부의 집에서 나와 길림 거리를 걸었다. 1912년에 태어난 10대 중반의 김일성은 1927년 무렵 송화강이 보이는 육문중학교를 다녔다. 1872년에 태어난 손정도는 1920년 대한민국 임시정부의 요직을 맡았던 인물이다. 50대 중반에 접어든 그는 길림에서 친구 아들인 김일성을 어떻게 후원했을까?

기차는 장춘역에 들어섰다. 1940년 전후 한반도에 살던 이들을 끌어당긴 이 도시의 매력은 무엇이었을까? 그 당시 기차역을 빠져나갔던 이들의 이름을 불러 본다. 1890년에 태어나 40대 후반인 최남선, 1912년에 태어나 20대 후반인 백석, 1917년에 태어나 30대 초반인 박정희다. 일본 관동군이 세운 만주국 수도에서 최남선은 대학교 교수였다. 백석은 시 「북방에서」를 준비했다. 박정희는 재수까지 하면서 군관학교에 입학했다. 그들의 선택과 발자취는 훗날 한국 사회에 어떤 식으로든 영향을 미쳤다.

장춘은 하얼빈과 심양의 중간 위치에 있다. 장춘에서 남쪽 심양으로 달리는 기차 창밖으로 만주 벌판이 펼쳐진다. 1909년 10월 이토 히로부미는 하얼빈으로, 며칠 뒤 안중근은 여순(뤼순)감옥으로 가며 마주쳤을 풍경이다.

심양역에 이르렀다. 1904년에 태어난 이육사와 1905년에 태어난 김산이 20대 후반이던 1930년대 초반 앞서거니 뒤서거니 거쳐 간 도시다. 만주국 시대 한반도에서 사람들은 각자의 사연을 품고 심양행 기차를 탔다.

> 청운의 꿈을 싣고 한몫 잡으러 떠나는 곳, 이국적인 아편굴과 도박장에서 심신을 적시는 곳, 조선에서 사고 치고 튀는 곳, 김두한에게 패배한 조선 최고의 주먹 구마적을 포함해 체면이 구겨진 조선의 거물들이 몸을 숨기는 곳이었다.[106]

단둥으로 출발하며 소현세자를 떠올렸다. 심양과 단둥의 기찻길은 1911년 개통했으니 그와는 상관없다. 그래도 창밖엔 만주에 볼모로 오던 1637년 봄과 조선으로 돌아가던 1645년 겨울 그가 눈에 담았던 산하가 펼쳐진다. 1780년 박지원의 『열하일기』에 적힌 풍경까지 겹치니 금상첨화다.

이제 목적지 단둥이다. 백석은 이 역에서 세관 업무를 맡았다. 기차에서 내리자마자 시선은 남쪽을 향한다. 압록강 너머 신의주로 향하는 기찻길과 철교가 보인다. 독립운동을 다룬 한국 영화나 드라마에 등장하는 다리는 역에서 보이지 않는다. 일제강점기 이 도시의 지명이 안동이었다고 말하자 동행한 이들은 반가워한다.

1911년 11월 이후 어떤 이들이 안동(단둥)역에 내리거나 지나갔을

---

106 한석정, 2022, 『만주모던』, 문학과 지성사, 73쪽.

까? 1919년 3·1 운동의 그해 만주로 향하던 이들의 여정은 어디로 이어졌을까? 심양역에서 왼쪽으로 가면 임시정부가 기다리는 상해(상하이)에 닿는다. 오른쪽을 선택하면 1920년 봉오동과 청산리 전투가 벌어진 북간도가 나온다.

만주 도시와 그 역에 얽힌 인물을 찾는 즐거움을 알아버렸다. 이번 책에 일부를 담았으나 출판 이후에도 이 작업은 계속할 계획이다. 만주국 수도인 신경(장춘)행 기차엔 누가 타고 있었을까?

압록강 상류에서 중류로:
홍범도와 백석의 자취를 느끼며

한국 사람이 포함된 지인들이 타고 다니는 단둥발 또는 평양발 기차가 압록강을 넘는 모습을 바라보며 키운 꿈이다. 만주와 한반도 남쪽인 서울을 잇는 기차를 타는 것이다. 통일 이전이라도 평화가 다가오면 꼭 한번 해 보고 싶은 여행이다.

다음 꿈 역시 교통편은 기차다. 이번엔 한반도 북쪽의 강변 따라가기다. 이는 압록강 상류와 중류, 강 너머 북한 기차역을 볼 때마다 가슴에 담아 온 바람이다. 인터넷 검색으로 모은 자료다.

혜산만포청년선으로 불리는 204킬로미터 기찻길은 1988년 완공되었다. 만포-운봉-죽전-김형직(후창)-김정숙(신파)-삼수-혜산을 연결한다. 중강 지역을 제외하고 대부분 양강도와 자강도의 압록강변으로 지나간다. 2019년부턴 혜산-삼지연의 70킬로미터 기찻길도 놓였다. 역에서 내리면 백두산 밑이다.

압록강 중류인 북한 만포를 떠나 상류인 혜산으로 향하는 기차다. 평화의 날이 오면 저 객실 창밖의 물길과 산하를 바라볼 것이다. (2015년 7월, 2017년 7월)

꿈이 실현되는 그날만을 무작정 기다리지 않았다. 북한 기찻길을 볼 수 있는 중국 강변도로를 따라 사전 답사도 꾸준히 다녔다. 그 길의 출발은 백두산 천지의 남파 전망대다. 버스를 타면 왼편과 오른편 모두 개마고원이 펼쳐진다. 대협곡에서 정차한다. 압록강 최상류가 나뭇잎 사이로 보인다. 물줄기 내뿜는 소리가 마음을 적신다. 너머가 북한이다.

매표소에 도착할 때쯤 발원지에서 30킬로미터 정도를 흘러온 압록강이 도로와 붙어서 지나간다. 아직은 개울이다. 주차장 뒤로 흘러가는 압록강과 헤어져 남쪽으로 60킬로미터가량을 달린다.

정면에 나타난 산자락 아래로 압록강이 흐른다. 버스가 우회전하니 강이 따라온다. 중국 장백(창바이)이고 강 건너는 북한 혜산이다. 압록강은 강변의 양쪽 도시를 벗어나면 삼수 가운데 하나인 허천강을 만난다. 버스에서 내려 강 너머를 바라보며 예전에 했던 공부했던 지리와 비교한다.

북한 행정명을 기준으로 개마고원은 압록강과 두만강 이남의 자강도, 양강도, 함경남도와 함경북도에 걸쳐 있다. 면적은 넓겐 한반도의 20퍼센트, 좁겐 13퍼센트를 차지한다. 압록강 상류부터 삼지연군, 보천군, 혜산시, 삼수군, 김정숙군, 김형직군, 중강군 등으로 이어진다.

강 너머의 지명에 대한 이해가 필요하다. 일단 행정명이 혜산은 1942년 함경남도 갑산군에서 분리되어 혜산군, 1954년 북한이 양강도를 신설하면서 혜산시로 바뀌었다. 삼수갑산도 마찬가지다. 조선시대엔 삼수군과 갑산군이 개마고원 전체를 가리켰다. 북한은 삼수군을 양강도 삼수군과 김정숙군, 함경남도 장진군, 자강도 낭림군으로 나누었다. 갑산군도 세분화되었다. 삼수의 세 물줄기는 압록강, 장진강, 허천강을 의미한다는 설이 대표적이다.

여전히 삼수갑산과 개마고원 일대의 지명이 낯설다. 현장에서 발로 걸으며 확인하지 못하고 책으로만 지리 공부를 하니 머릿속에 구체적인 풍경이 그려지지 않는다. 하여튼 삼수갑산에 대한 이해의 시작은 시대구분이다.

그동안 압록강 상류에 기대어 사는 이들의 현재 모습에만 관심을 기울였다. 시인 김소월이 1934년 11월 발표한 시 「삼수갑산」은 제목만 알고 있었다. 그는 1902년에 태어나 1934년 12월 크리스마스 전날 삶을 마감했다. 그랬던 내가 꿈꾸는 기차 여행 준비뿐만 아니라 압록강

갑산 압록강, 강 너머 홍범도의 개마고원, 백석의 삼수와 가까운 마을이다. (2018년 8월, 2023년 8월, 2018년 10월)

너머에 살았던 이들의 삶을 들여다본 계기가 있다.

2023년 홍범도 장군 동상과 관련된 논란이다. 그 이후 혜산 전경과 개마고원을 볼 수 있는 산 중턱 전망대에 머물 때면 그를 더 알아가야겠다고 다짐했다. 1909년 이전 그는 한반도 북쪽에 있었다. 일제강점기 전이다. 홍범도의 평전에 묘사되고 있는 삼수갑산이다.

세상 구름이 모두 이 구럭에서 생겨난다는 함경도 갑산군 운흥 고을. 육십갑자 헤아려 맨 으뜸 되는 산중지산이라 갑산이라던가. 북쪽 머리엔 허연 백두산, 동으로 내리뻗는 무산·길주·단천·풍산은 발치에 깔고 삼수 허천강은 서녘 옆구리에 바싹 끼고 있다.[107]

홍범도가 의병 활동을 했던 마천령, 후치령, 철령, 황초령 등이 평전에 등장한다. 그래도 아는 지명이 있다. 북청, 삼수, 혜산, 보천보, 신갈파 등이다. 북청 빼곤 압록강과 맞닿은 지역이다. "운흥에서 백두산은 북방 500리 숲길, 보천보에서 백두산까지는 꼬불꼬불 300리"[108]다. 이는 홍범도가 활동한 범위다. 그는 백두산 천지 아래 압록강 상류와 중류 일대에 흔적을 남겼다. 그러다가 만주로 향한다.

---

107 이동순, 2023, 『민족의 장군 홍범도』, 한길사, 131쪽.
108 이동순, 2023, 『민족의 장군 홍범도』, 한길사, 143쪽.

1908년 아내와 아들의 죽음, 그해 겨울 홍범도는 "압록강을 건너
오니 모든 것이 낯설기만 하다. 하지만 중국 땅 통화에도 동포의
집이 있어서 거기서 하룻밤 묵고 길림을 거쳐서 천 리 길 당도했
다."[109]

1868년에 태어난 홍범도가 1908년 압록강을 건널 땐 40대 초반,
1920년 두만강을 만날 땐 50대 초반이었다. 이후 그는 두 강과 한반도
를 보지 못했다. 그렇게 23년이 흘렀다. 70대 중반이 된 1943년 만주도
연해주도 아닌 카자흐스탄에서 삶을 마감했다.

이렇게 지리 복습과 최근에 알게 된 사실을 복기하다가 늦은 점심을
장백에서 한다. 강 건너 사람들이 즐겨 먹는다는 요리 위주다. 식당 앞
압록강에서 북한과 중국 사람이 섞여 물놀이도 빨래도 낚시도 한다.
버스에 오른다. 강 건너, 혜산과 중강 사이의 풍경이 기다린다. 갈 길
은 220킬로미터 안팎이다. 한국의 북한강을 끼고 달리는 경춘가도가
생각난다.

압록강 상류는 한 인물을 더 생각나게 한다. 언젠가부터 백석 이름
이 들렸다. 젊은이들에겐 김소월에 견줄 만한 시인이라고 했다. 윤동
주는 백석을 좋아했다. 그래서 호기심이 생겼다. 『백석 평전』에서 관심
위주로 요약했다.

---

109 이동순, 2023, 『민족의 장군 홍범도』, 한길사, 379쪽.

백석은 오산학교 선배인 김소월을 동경했다. 1939년 9월 백석은 압록강을 건너 안동에 간 적이 있다. 1940년 2월 신경역에 내렸다. 약 6개월 동안 만주국 국무원 경제부에서 측량보조원으로 근무했다. 1941년 12월 압록강의 안동으로 거처를 옮겼다. 신혼살림을 차렸고 처가가 있는 평양을 드나들었다. 1942년 안동역 세관에서 근무했다. 집은 세관 옆 관사였다. 1942년 중반에서 1947년 말까지 백석의 시는 세상에 한 번도 얼굴을 내밀지 않았다. 광복 전후 약 5년 동안 시인도 시도 잠적했다. 이후 평양에서 번역 작업을 주로 하다가 1959년 새해가 되자마자 그는 양강도 삼수군의 협동조합으로 갔다. 그 해 몇 편의 보고문과 시를 남겼다. 1962년 북한에서 시인으로서 역할이 끝났다. 1996년 백석은 압록강 삼수를 건너 하늘나라로 떠났다.[110]

그러니까 1912년 평안북도 정주에서 태어난 백석은 20대 후반인 1939년 처음으로 압록강 하류를 건넜다. 1940년 그 강을 건너 신경(장춘)에 도착했다. 30대에 접어든 1942년 안동(단둥)에 거주하면서 하류를 넘나들었다.

1959년 그는 김소월의 삼수갑산이 있는 상류로 향했다. 그의 인생과 문학 행로엔 압록강이 흘렀다. 안도현은 백석의 1938년 시「나와 나

---

110 안도현, 2022, 『백석 평전』, 다산북스.

타샤와 흰 당나귀」의 한 구절을 생각했다.[111]

> 산골로 가는 것은 세상한테 지는 것이 아니다 / 세상 같은 건 더러 워 버리는 것이다[112]

백석은 산골로 갔다. 압록강이 그 지역을 흐른다. 혜산을 벗어나자 마자 버스를 세웠다. 내가 서 있는 위치에서 직선거리로 10킬로미터 남짓 떨어진 곳에 그의 집이 있었다. 내가 지금 보고 있는 저 압록강을 백석도 봤을 것이다. 직장 근처에 허천강이 지나가고 그 강은 혜산에 서 압록강과 만난다. 강줄기를 따라 그도 이곳에 오지 않았을까? 삼수 에서 양치기로 살던 백석은 1959년 글과 시를 남겼다. 읽으면서 그저 가슴이 아렸다.

> 나는 엄지들을 따라 방목지로 나온 수많은 새끼양들이 즐겁고 발 랄하게 뜀질을 하고, 개닥질을 하고, 또 엄지들의 흉내를 내어 마 른 풀잎사귀를 뜯고, 풀뿌리를 들추고 하는 것이 눈에 띄였다.[113]

---

111 안도현, 2022, 『백석 평전』 다산북스, 363쪽.

112 안도현, 2022, 『백석 평전』 다산북스, 363쪽.

113 안도현, 2022, 『백석 평전』 다산북스, 370쪽.

이깔나무 대들보 굵기도 한 집엔 / 정주에, 큰방에, 아이 어른-이웃들이 그득히들 모였는데, / 주인은 감자국수 눌러, 토장국에 말고 / 콩나물 갓김치를 얹어 대접을 한다.[114]

백석과 홍범도와 나의 압록강은 나타났다가 사라졌다가 가까워지다가 멀어지기를 반복한다. 그냥 압록강 상류라서 좋다. 그렇게 버스는 꼬불꼬불한 도로를 달리다가 간이 휴게소에 멈춘다. 강 건너는 김정숙군이다. 여전히 익숙하지 않은 지명이다.

한여름 물길 따라 움직이는 뗏목과 떼꾼이 나타난다. 1937년 수풍댐 착공 전엔 하류의 신의주까지 흘러갔다. 2026년 현재에도 뗏목은 압록강의 상징으로 1967년 완공된 운봉댐까지 내려간다. 뗏목이 시야에 사라지면 곧 다른 뗏목이 보이기를 반복한다. 떼돈을 번다는 그 떼꾼이 손을 흔든다. 모두 강 건너에 사는 이들이다. 2015년 봄 길벗들과 저 강변에 앉아 마시던 맥주 맛, 2023년 늦가을 첫눈 내리는 강변을 카메라에 담던 순간 등을 회상하다 보니 이미 해가 저문다.

이번엔 물결에 비친 달을 따라 달려 중국 임강(린장)에 도착한다. 나머지 압록강 중류 바라보기는 내일로 미룬다. 다음 날 아침이다. 물안개가 걷히며 강 건너 북한 중강이 모습을 드러낸다.

나는 임강에서 집안(지안)까지 압록강 일부를 따라가는 방법을 버스

---

114 안도현, 2022, 『백석 평전』, 다산북스, 376쪽.

압록강 중류의 굽이치는 물길 옆으로 한반도의 산 능선이 이어진다. 뗏목과 보트가 나란히 떠 있는 강이다. (2023년 8월, 2015년 7월, 2017년 7월)

에서 보트로 한 번씩 바꾼다. 거리가 약 70킬로미터다. 2019년 기록한 내용을 요약하면 이렇다. 운봉댐까지 보트를 타고 이동한다. 한가롭게 휴식을 취하는 북한 뗏군이 바로 앞에 있다. 속도를 늦춰 그들과 더불어 내려간다. [115]

운봉 댐 아래는 북한 만포가 있다. 언젠가는 꼭 타 볼 기차가 연달아 지나간다. 맞은편 중국 집안엔 약 400년의 고구려 숨결이 느껴진다. 광개토대왕비와 장수왕릉과 환도산성 주변을 산책한다. 호텔 옆 아침 시장에서 군것질을 즐긴다. 매표소 주차장엔 대형 광고판이 보인다. 북한 관광 일정을 소개하며 관광객을 모집하는 내용이다.

압록강 언저리 조선족 식당에서 점심을 하곤 한다. 식감이 독특한

---

115 강주원, 2019, 『압록강은 휴전선 너머 흐른다』, 눌민, 242~244쪽.

고구려 유적지와 북한 여행 광고판이 공존하는 압록강 중류다. (2025년 10월, 2013년 2월, 2023년 9월, 2024년 9월)

불고기가 별미다. 만포와 수풍댐 사이엔 압록강을 따라가는 도로가 이어지지 않는다. 나는 압록강과 4시간 뒤 또 만날 것을 약속하고 버스로 간다.

수풍댐에서
단둥과 여순으로

백두산 남파 전망대에서 출발한 압록강 따라가기는 중국 집안(지안)에서 멈췄다. 버스는 만주 서간도를 달린다. 압록강은 점점 멀어지고 있으나 한반도 산하와 엇비슷한 풍경이 이어진다. 고구려의 비류수가 길림성(지린성)과 요녕성(랴오닝성)을 구분한다.

비류수를 따라 내려가면 북한 초산 앞을 흐르는 압록강이 기다린다. 한국전쟁의 한 장면, 북진한 병사가 수통에 물을 담았던 곳이다. 일제강점기 전후 한반도에서 서간도로 향하던 이들의 길목이다. 1910년 8월 이회영과 동지들이 비류수와 압록강 일대를 사전 답사[116]했다. 이 물길들은 만주와 한반도를 하나로 연결하면서 흘러왔다.

단둥이 도로 이정표에 보인다. 이제부턴 수풍댐에서 단둥 시내까지의 압록강 하류 따라가기다. 약 80킬로미터 거리다. 나는 동행한 이들에게 경험을 언급하곤 한다. "70대가 넘은 두 분과 1937년부터 공사를 시작한 수풍댐 앞에 갔습니다. 한 분은 아버지가 일본 유학을 마치고 댐 설계 작업에 참여했던 압록강에 왔다며 감회에 젖었고 다른 한 분은 아무 말 없이 눈물을 흘렸습니다. 그분은 그날 밤 저를 보더니 담배 한 대를 부탁하셨죠. 아버지가 댐 건설 노동자로 일했다며 끊었던 담배가 생각난다고 했습니다. 두 분의 가족사엔 일제강점기의 같은 듯 다른 삶이 녹아 있죠. 저는 수풍댐에서 리영희와 장준하의 유년 시절을 기억하고 그들에게 안부를 전합니다."

이어서 댐 앞에 자리한 식당에 도착하면 "쏘가리 매운탕이 기다리고 있다."라고 말한다. 다들 한목소리로 "와" 한다. 나는 "그 쏘가리는 압록강변에서 살아가는 이들이 잡았는데 북한 사람 또는 중국사람이겠죠."를 덧붙인다.

계속해서 잡학 지식을 보탠다. "유람선을 타고 20킬로미터 남짓 하

116 서중석, 2001, 『신흥무관학교와 망명자들』, 역사비평사, 36쪽.

류로 내려갑니다. 이 과정에서 한국 민통선과 남방한계선의 철조망과 어떻게 다른지를 체험하고 느껴 보세요! 압록강은 한국으로 따지면 DMZ와 같습니다. 엄밀히 따지면 남북의 중립 수역인 한강하구와 성격은 같으나 여러분들 앞엔 다른 장면이 기다리고 있습니다. 국경이지만 국경선이 없는 압록강을 경험해 보세요! 참 휴전선엔 철조망이 없고 한강하구엔 휴전선이 없다는 사실을 다들 아시죠?"

이때 사람들 반응을 보면 나의 설명이 여전히 뜬구름 잡는 이야기로 들리거나 피부에 와 닿지 않는다는 걸 알 수 있다. 만주에 오기 전 그들에게 압록강은 휴전선과 마찬가지였다. 단절의 국경 자체였다. 상관없다. 그동안의 인류학 연구를 총동원해 마련한 체험 현장 그리고 공유와 공생과 공존의 압록강이 그들을 맞이할 것이다.

식당 담벼락 옆으로 철조망이 지나간다. 너머 제방 아래가 압록강이다. 강 저편이 북한 삭주다. 일행의 관심은 주변 감상보다 매운탕에 빠졌다. 식사를 마치고 누군가 "난 쏘가리가 아니고 평화를 먹었다."라고 말한다. 다들 알아서 선착장이 있는 강변으로 걸어간다. 통째로 빌린 유람선을 탈 때마다 나는 인류학의 참여하고 관찰하고 기록하는 일을 잊지 않았다.

식당 옆, 철조망이 끊긴 지점을 사람들이 무심코 지나간다. "여러분 방금 철조망을 통과했습니다."라고 말하니 다들 뒤돌아보고 어이없어한다. 유람선이 오기 전의 틈을 타 강가에서 빨래하는 중국 여인 곁으로 다가간다. 다들 강물에 손을 씻는다. 그들 중에 용기 낸, 아니 국경이지만 압록강의 특징을 이해한 사람이 발을 담근다. 하나둘 동참한다. 한여름 잠시 수영도 하는 이가 있다. 군인이 지키는 단절과 금단의 압록강이라고 상상했는데 그저 물놀이하는 강이다.

유람선이 왔다. 타자마자 댐을 사진에 담고 있는데 배가 북녘땅으로 자꾸만 접근한다. 불과 몇십 미터 앞이다. 그들의 얼굴빛은 시시각각 달라진다. 이곳이 북한과 중국의 국경임을 의식한 두려움은 옅어지거나 증폭된다. 북녘 산하를 멍하니 쳐다본다. 만감이 교차한다는 목소리가 들린다. 여담으로 유람선을 기준으로 하면 북녘이 아니고 남녘 산하라고 말하는 것이 맞다.

이때 휴대폰 지도엔 압록강 중앙으로 국경선 표시가 그어져 있고 함께 타고 있는 유람선은 그 선 왼쪽, 중국보다 북한에 가까이 있음을 실시간으로 보여 준다. 구글 지도가 오류임을 그들은 몸소 체험한다.

북한 사람이 강변을 따라 걸어간다. 나에게 어떤 행동을 할 수 있는지 묻는 이들이 있다. "손을 흔들면 저쪽에서도 같은 반응을 하겠죠."라고 말하자마자 다들 손을 흔든다. 북한 아이들이 대화도 가능해 보이는 거리에서 웃는다. 그것이 무엇이라고 한쪽에서 우는 이들도 있다.

당연히 북한 군인과 초소가 보인다. 사람들은 예의상 사진찍기를 멈추기로 미리 약속했다. 계속해서 사람 사는 집과 농사짓는 모습과 자전거 탄 북한 여성과 짐을 실은 북한 트럭이 보인다. 이제 "반갑습니다."라고 외치는 이들에게 하늘을 보자고 말한다. 양쪽 강변을 잇는 고압전선이 압록강을 가로지른다. 유람선 옆으로 북한 어선이 그물을 올린다. 사람들은 "압록강에선 공유하고 공생하고 공존합니다."라는 추임새가 더는 필요 없다는 표정을 짓기 시작한다.

처음엔 보이지 않던 다른 유람선들이 강을 거슬러 올라온다. "저들은 짧게 압록강을 왕복하는 배인데 당연히 한국 사람도 탈 수 있으나 이곳까지 여행이나 답사를 오지 않고 만주의 다른 지역으로 가는 일정이 많아요."라고 설명한다. 사람들의 눈길은 배 위를 가득 메운 중국 관광객들에게 가 있다. 본인도 타고 있으면서 누군가는 "어떻게 압록강에 유람선이 있죠?"라고 묻는다. "한 번은 중국 지인의 친구인 북한 사람과 함께 저 배를 탄 적이 있다."라고 답한다. 몇 사람은 선뜻 믿지

수풍댐 아래 압록강에 한국 사람이 손을 담근다. 유람선에서 한반도 북쪽 산하의 계절과 트럭, 또 다른 유람선과 북한과 중국을 잇는 고압선을 바라본다. 강변의 북한 사람에게 손을 흔든다. 커피 한 잔의 여유를 즐기며 신의주와 압록강의 윤슬을 붙들어 둔다. (2025년 6월, 2024년 2월, 2023년 8월, 2024년 9월, 2024년 6월, 2024년 10월, 2025년 6월)

못하는 눈치다.

한 시간이 금방 지났다. 압록강의 중국 섬에 도착했다. 주변을 둘러봐도 철조망이 없다. 수풍댐에서 헤어졌던 버스가 와 있는 주차장 한편에 다른 유람선에서 내린 북한 여성들이 옹기종기 모여 이야기를 나눈다. 나를 의심했던 이들이 슬며시 웃는다.

버스 안에서 누군가 말한다. "내가 상상했던 국경과 강이 아니고 방금 본 풍경과 경험이 꿈인지 생시인지 모르겠다." 나는 "국경인 압록강의 일상입니다."라고 말할 뿐이다. 성격 급한 이는 한국으로 전화를 건다. 휴대폰 너머에서 "나도 단둥에 갔었는데 가이드가 압록강 중앙이 국경이고 넘을 수 없다고 말했다."라는 확신에 찬 목소리가 들린다. 사람들이 "불과 몇 시간 전 자신"이라고 한마디씩 한다.

버스가 출발한다. 수풍댐 아래에도 댐이 있어 강이 호수처럼 보인다. 이 일대는 봄이면 복숭아꽃으로 가득 찬다. 국경 언저리이자 무릉도원이다. 한국에서 고구려 박작성이라고 알려진 곳에 버스를 세운다. 정상까지는 30분 정도면 도달한다. 오른 김에 사람들을 역사 속으로 이끈다. 성 아래로 압록강이 지나가고 너머가 북한이다.

전망대 정면의 북한 봉우리엔 임진왜란의 선조가 눈물을 흘렸다는 전설이 깃든 통군정이 보인다. 여름엔 나뭇잎에 가려 잘 드러나지 않는다. 뒤편으로 제법 떨어져 있으나 1010년 고려의 양규 장군이 지킨 홍화진이 있다.

왼쪽 나루터엔 1780년 7월 박지원이 흔들리는 배에서 도강록을 구상한다. 오른쪽 압록강 섬 사이, 얼음 위로 1842년 12월 조선 입국에 실패한 뒤 의주에서 걸어오는 김대건의 얼굴이 보인다. 1845년 1월 그는 압록강을 또 건너간다. 1911년 1월 이회영 일가가 탄 썰매가 새벽 공기를 가른다. 그들이 닦은 신흥무관학교 길로 가던 이들이 강변에서 휴식을 취한다. 한둘이 아니다. 이를 바라보며 유념할 사실이 있다. 1937년 수풍댐이 건설되면서 눈앞의 강폭과 섬 모습이 달라졌다. 아쉬움이 남는다.

정상 아래의 국경 지형을 추가로 설명한다. "압록강의 물줄기가 흩어져 흐르며 섬들이 만들어졌고 봄이면 모내기, 가을이면 추수하는 일상의 풍경이 펼쳐지는 북한 섬들"이라고 하자마자 사람들은 사진찍기에 몰두한다. 버스를 타고 단둥 시내로 들어서자 말이 많아진다. 이 또한 이 책에 맛 보이고 싶으나 네 권의 책에 구구절절 적어 두었다. 대신 이 책의 3부에서 그동안 담지 않았던 사례들을 풀겠다.

단둥에 며칠 머물 때 원칙이 있다. "강변이나 압록강 섬의 숙소를 선택한다."[117] 그래야 짧은 일정에도 양쪽 강변과 압록강에서 펼쳐지는 단둥과 신의주의 일상을 체험할 수 있다. 압록강 섬은 대부분 북한 영토지만 단둥 시내 압록강엔 중국 섬이 있다. 그곳 호텔에 짐을 풀며 나만의 장소를 지인에게 귀띔한다. 백두산 천지 일출을 봤으나 내일 새벽에 또 다른 추억을 남길 수 있다는 말도 흘린다. 압록강과 신의주 너

---

117 강주원, 2019, 『압록강은 휴전선 너머 흐른다』, 눌민, 245~248쪽.

머에서 떠오르는 무엇이라고 뒷말을 남긴다.

밤 11시쯤 압록강과 신의주 야경을 잊지 않고 기록한다. 다음날 여명에 맞춰 그 공간에 가면 그들이 와 있곤 한다. 영업 전인 커피 전문점의 야외 의자를 권한다. 압록강 물결과 신의주 아침과 남쪽에서 떠오른 해를 바라보는 인생 사진을 선물한다. 누군가 "한국으로 치면 DMZ 한복판에서 여유를 즐기는 셈이군요!"라고 말하면 보람을 느낀다.

호텔 조식 때 신의주 시내 대부분이 내려다보이는 위치를 알려 준 뒤 북한 사람 주변으로 가서 따로 아침을 먹는다. 마음은 며칠 더 머물고 싶지만 짐을 챙겨 1층에 내려갔는데 일행이 묻는다. "어제 옆방에 북한 부부가 투숙했죠?" 또 다른 이는 북한 사람에게 "올라갑니까?"라고 물었더니 "내려갑니다."라고 했다며 흥분한다. 미소로 답하고 바로 앞을 지나가는 북한 남자들을 봤다.

버스는 점점 넓어지는 압록강을 따라 달린다. 잠시 들린 일명 신압록강대교 주차장 너머는 남신의주 언저리자 1901년과 1905년에 태어난 함석헌과 김산의 고향인 용천이다. 앞으로 한국 사회의 누가 저 다리를 건너갈까? 어김없이 백석의 시 「남신의주 유동 박시봉방」을 읊는 이가 있다.

이번엔 압록강이 황해와 만나는 지점까지 가지 않고 대련(다롄)으로 갈 계획이다. 압록강과 헤어질 장소인 북한 황금평을 옆에 끼고 버스는 천천히 움직인다. 나는 말한다. "한국의 임진각은 바로 코앞에 북한이 보인다고 하죠. 그런데 실제로 북한은 약 7킬로미터 떨어져 있습니다. 지금 여러분들이 보고 있는 도로 옆 압록강이자 실개천 너머가 북한 황금평입니다. 이 정도가 바로 코앞이겠죠.” 다들 말없이 생각에 잠긴다.

여정의 마지막은 1910년 안중근, 1932년 이회영, 1936년 신채호의 길이 멈춘 일명 여순(뤼순)감옥이다. 그들이 숨 쉬고 들었을 바다 공기와 파도 소리를 느끼고자 그 언저리에서 하룻밤을 보낸 뒤 그곳을 찾는다. 삶을 마친 안중근이 수레에 실려 세상 밖으로 나간 문, 아무 표시도 없는 지점 앞에 한참을 서 있는다.

밖으로 나와 높디높은 감옥 벽을 올려다본다. “당신들이 걷고 넘었던 만주와 한반도와 두만강과 압록강의 길은 어떠했나요?”라고 여쭌다. 그들은 한마디씩 던져 주지만 아직은 그 뜻을 온전히 헤아리지 못하는 나다. 다만 그들의 길을 낯설게 따라 걷겠다고, 그들을 있는 그대로 기억하겠다고 다짐한다.

아무런 표시가 없는 문, 안중근이 죽어서야 세상 밖으로 나간 그 출구와 여순감옥의 담벼락 앞에 멈춰 있곤 한다. (2025년 6월, 2025년 7월)

두만강과 압록강 넘나들기: 흔적 찾기와 기억하기

1장

20세기 이전
조선에서 청나라로

강 너머 책문으로 간
박지원

나에게 반복해 읽은 책을 꼽으라면 박지원의 『열하일기』다. 처음엔 멋모르고 고전이라는 이유로, 다음엔 연구 지역인 압록강의 역사 속 풍경을 알기 위해서였다. 그다음엔 압록강은 곧 국경이란 선입견 혹은 현재의 시각으로 이 책을 읽은 이들이 놓치는 대목을 정리하며 읽었다. 그러다 보니 앞부분만 여러 번 정독했다.

1737년에 박지원이 태어났다. 1780년 음력 5월이다. 40대 초빈의 그는 청나라로 향한다. 그 여정의 기록인 『열하일기』는 음력 6월 압록강을 건너며 시작된다. 양력으론 한여름 7월 말이다.

계속 읽으니 이 책의 시대적 배경인 1780년뿐만 아니라 1712년과

1909년을 함께 고려해야 함을 깨달았다. 1712년은 백두산정계비가 세워진 해다. 그로부터 68년이 지나서 박지원은 압록강을 만났다. 다시 129년이 흐른 1909년 간도협약이 체결됐다.

책의 첫 소제목엔 국경이라는 단어가 붙지 않았다. 빼고 더할 것도 없이「도강록」이다. 내용으로 들어가 보자. 압록강 앞에서 짐을 수색하는 장면이 나오지만 나라 사이의 경계에 관한 문장은 없다. "물빛이 마치 오리 대가리처럼 푸르다 해서 압록강이라 부른다."라는 강 자체에 대한 설명이 있고 그가 겪은 장마에 대한 묘사와 강을 건널 수 있는지에 대한 관심이 주다. 압록강은 그에게 "강"이었다.

> "오늘은 정말로 강을 건너겠죠?" 하자. [...] 옆에서 "곧 강을 건널
> 겝니다." 한다. [...] "오늘에야 드디어 강을 건너는군!"[118]

> 성 위 낮은 담에 기대어 동쪽을 바라보았다. 찌는 듯한 구름이 언뜻 피어오르자 백마산성 서쪽 한 봉우리가 홀연 반쯤 모습을 드러냈다. 구룡정에 이르니 여기가 바로 배가 떠나는 곳이란다.[119]

나의 주 연구 지역이기에 박지원의 도강 위치는 익히 알고 있다. 백

---

118 고미숙 등 역, 2008,『세계 최고의 여행기 열하일기(상)』 그린비, 45~47쪽.
119 고미숙 등 역, 2008,『세계 최고의 여행기 열하일기(상)』 그린비, 47~50쪽.

마산성은 의주와 신의주 중간, 구룡정은 통군정보다 상류에 있다. 단둥 시내에서 약 12킬로미터 떨어진 일대다. 그가 압록강을 넘는 장면이다.

> 사공들이 일제히 뱃노래를 부르며 힘껏 저으니 배는 번개처럼 쏜살같이 내달린다. 아찔한 것이 마치 하룻밤이 휙 지나간 듯하다. 통군정 기둥과 난간들이 팔방으로 빙빙 도는 것 같다. 전송하느라고 모랫벌에 서 있는 이들이 팥알만 해 보인다. [...] 배는 벌써 언덕에 닿았다. 옷감을 짜놓은 듯 촘촘한 갈대 때문에 땅바닥이 보이지 않는다. [...] "우리들은 봉황성에 살아요. 장백산에서 나무를 베어 오는 길이라오." [...] 이즈음에 두 갈래 강물이 한데 합하여 크게 불어나더니 중간에 섬 하나가 만들어졌다. 먼저 건너간 사람과 말들은 실수로 여기에 내리고 말았다. 거리는 5리밖에 되지 않으나 배가 없어서 다시 건너오지 못하는 차였다.[120]

박지원은 압록강의 상징인 뗏목을 목격했다. 뗏군은 청나라 사람이다. 그를 태운 배는 물에 밀려 강을 사선으로 가로지른다. 댐과 제방이 없던 그 시절의 강폭은 2026년 현재보다 넓게 묘사되어 있다.

나는 『열하일기』에서 두 대목과 시기를 주목했다. 하나는 책문, 다

---

[120] 고미숙 등 역, 2008, 『세계 최고의 여행기 열하일기(상)』, 그린비, 52~54쪽.

의주 압록강의 넘나들기 지역이다. 도강하던 박지원의 눈 높이에서 바라본 산하다. (2025년 6월, 2017년 6월, 2013년 7월)

른 하나는 압록강 사람들이다. 1780년은 청나라의 봉금령 시절이다. 이는 약 100년 뒤에야 해제된다. 한국 역사책에선 봉금령으로 인해 의주 압록강 너머는 공식적으로 사람이 살지 않던 땅으로 서술한다. 그런데 박지원은 이 지역의 삶의 자취를 관찰했다.

10리를 가서 삼강에 이르렀다. 강물은 비단결처럼 맑다. 여기가 바로 애랄하다. [...] 이 강의 발원지가 어딘지는 잘 모르겠다. 압록강과의 거리가 10리도 안 되는데 [...] 이 강은 평소엔 우리나 중국이나 서로 오갈 수 없는 지역이다. 하지만 우리나라의 역학이나 중국 외교 문서를 불시에 주고받을 경우를 대비하여, 봉성 장군이 늘 배를 준비해 둔다.[121]

그는 압록강을 건너 봉금 지역을 지나며 사람과 마을을 만났다. 의주의 창군도 봤다. "중국이나 우리나 이를 버려두었다."라고 표현했다. 나는 여기서 "우리나"에 밑줄을 그었다. 박지원은 본격적으로 강 너머를 기록했다.

> 구련성으로 향했다. [...] 의주의 창군이 곳곳에서 벌목을 하느라 온 들판에 나무 찍는 소리가 가득하다. 혼자 높은 언덕에 올라 사방을 바라본다. [...] 큰 마을들이 있다. 개와 닭 소리가 들리는 듯하며, 땅이 기름져 개간하기도 좋다. [...] 커다란 진이나 부를 설치할 법한데 중국이나 우리나 이를 버려두었다. [...] 어언 백여 년, 높은 산과 맑은 물만이 쓸쓸히 빈터를 지키고 있다.[122]

노숙으로 사흘을 보낸 다음 날이다. 그는 길에서 청나라 군사들을 만났다. 소 발자국과 수레바퀴 자국 흔적에서 이 지역 사람들의 삶을 짐작한다. 이후 책문에 도착했다.

> 말을 몰아 7, 8리를 가서 책문 밖에 이르렀다. [...] 나무를 깎아 목책을 세워서 대충 경계를 알리는 정도다. 이른바 버드나무 가지 껶

---

121 고미숙 등 역, 2008, 『세계 최고의 여행기 열하일기(상)』, 그린비, 55~56쪽.
122 고미숙 등 역, 2008, 『세계 최고의 여행기 열하일기(상)』, 그린비, 57~58쪽.

어 울타리 만드는 꼴이다. [...] 책문에서 수십 걸음 떨어진 곳에 삼
사의 막사를 설치했다.[123]

일단 이 문을 들어서면 중국 땅이다. [...] 압록강에서 여기까지
120리다. 우리나라 사람은 이곳을 책문이라 하고, 이 지역 사람은
가자문이라 하며, 중국 본토 사람은 변문이라고 한다.[124]

박지원은 압록강에서 120리 떨어진 책문을 묘사하며 "이 문을 들어
서면 중국 땅이다."라고 했다. 그가 기록한 압록강과 책문 사이의 풍
경은 무엇을 의미할까? 『열하일기』에 따르면 1780년 압록강 너머와
책문 사이 지역은 조선도, 청나라도 아니었다. 책문을 통과해야 중국
이었다.

단둥과 심양(선양)을 잇는 고속도로를 달리면 박지원이 지나간 책문
주변과 봉황산이 보인다. 통원보, 연사관 지명을 가리키는 도로 이정
표가 스쳐 지나간다. 이를 보며 나는 백두산정계비의 1712년과 간도협
약의 1909년 사이, 박지원이 남긴 1780년의 압록강을 복기한다. 『열하
일기』는 나에게 서간도와 압록강의 삶을 이해하는 지침서다.

그는 「도강록」에 적은 대로 강을 건넜고 중국 땅으로 들어서기 위해

---

123 고미숙 등 역, 2008, 『세계 최고의 여행기 열하일기(상)』, 그린비, 68~69쪽.
124 고미숙 등 역, 2008, 『세계 최고의 여행기 열하일기(상)』, 그린비, 78~84쪽.

120리를 걸었다. 앞에서 했던 이야기로 마무리한다. 「도강록」은 국경인 강 건너기가 아니다. 그것은 그저 온전한 강 건너기다.

만주와 한반도 사이의 삶과 여정을 남긴
김대건

『열하일기』의 압록강과 책문, 그 길을 56년이 흐른 뒤인 1836년과 1845년 사이에 네 번 지나간 이가 있다. 1821년에 태어난 김대건이다. 그는 10대 중반부터 약 8년 동안 압록강을 두 번 건넜다. 한 번은 넘나들었다. 두만강도 한 번 넘나들었다. 처음엔 마카오 유학길이었고 1842년 12월부터는 조선 입국 모색과 귀국길이었다.

끝내 조선으로 향한 그는 1846년 9월 순교했다. 20대 중반이었다. 당시의 상황은 대부분 라틴어로 쓴 그의 편지 모음[125]에서 엿볼 수 있다. 이를 정리했다. 아래 괄호의 숫자는 이동 시간이다.

* 1차 압록강 넘기(25일): 1836년 12월 3일 한양-압록강, 28일 요동

* 2차 압록강 넘나들기(15일): 1842년 12월 23일 백가점, 27일 책문, 29일 책문-압록강-의주, 31일 의주-압록강, 1943년 1월 1일 책문, 1월 6일 백가점

---

125 김대건, 정진석 역, 2023, 『이 빈들에 당신의 영광이』, 바오로딸.

* 3차 두만강 넘나들기(약 2달): 1844년 2월 5일 소팔가자-훈춘, 3
  월 8일 훈춘-두만강-경원, 4월 소팔가자
* 4차 압록강 넘기(15일): 1845년 1월 1일 책문-압록강, 1월 15일
  한양

위 시기와 여정 외에도 그는 압록강 넘기를 탐색하기 위해 1843년 음력 3월 백가점과 책문, 음력 9월 소팔가자와 책문을 각각 왕복했다. 번역한 책엔 이 부분만 음력이다. 한반도로 가기 위해 머물던 백가점(바이지아디안) 위치는 단둥과 대련(다롄)의 중간쯤이다. 소팔가자(씨오발찌아즈)는 장춘(창춘) 언저리다.

스승인 신부님에게 보낸 편지엔 내가 2차로 구분한 압록강 넘나들기부터 나온다. 이동 방법과 풍경 그리고 심정 등을 표현한 대목 중심으로 요약했다. 1842년 12월이다. 20대 초반의 김대건은 책문에 도착했다.

멀지 않은 곳을 지나가다가 큰 무리를 거느리고 북경을 들어가는 조선 임금님의 사신 일행을 만났습니다. [...] 저의 부모 역시 많은 고난을 겪고 부친은 참수되었으며, 모친은 의탁할 곳이 없는 비참한 몸으로 신자들 집을 떠돌아다니고 있다고 합니다. [...] 국경을 통과하기가 매우 어렵다고 단언하면서 가난한 나무꾼 행세라면 가능할 것 같다고 했습니다.[126]

한국어 번역본엔 "국경"이란 표현이 나온다. 그런데 라틴어 원문엔 이 단어가 없다고 한다. 나의 첫 생각거리는 여기서부터다. 위에 언급된 "국경을 통과하기가 매우 어렵다고 단언"한 문구를 어떻게 이해해야 할까? 우선 통과하기가 힘든 곳은 어디였을까? 압록강이었을까? 아니면 의주성이었을까?

김대건의 여정을 따라갔다. 그는 밤 한 시에 일어나 조선 옷으로 갈아입고 압록강으로 향했다. 강을 건너는 상황은 편지에 없다. 겨울 해가 넘어갈 무렵 의주 읍내가 멀리 보이는 지점에 도착했다. "통행증"이 없었던 그는 의주 성문을 통과하지 못했다. 그렇다면 통과하기 어려운 곳은 의주성이다. 이러한 정황을 반영해 번역도 "국경"이란 단어 대신 의주성으로 옮기는 것이 당시 김대건의 여정을 있는 그대로 이해하는 것으로 보인다. 그는 의주에서 고행을 경험한다.

그들이 뒤쫓아오는 줄로 믿고 달아나 성 밖 변두리로 나왔습니다. […] 밤새도록 대략 백 리를 걸었습니다. 동이 틀 무렵 너무나 추워서 몸을 녹이려고 조그마한 주막에 들어갔습니다. […] 그 작은 주막을 멀리 피하면서 우회하여 다시 중국을 향해 걷기 시작하였습니다. […] 땅을 내리덮었을 때 걸음을 재촉하여 밤 두 시쯤 의주에 도착하였습니다. 거기서 바다와 반대쪽, 곧 읍의 왼편으로 방향

<hr>

126 김대건, 정진석 역, 2023, 『이 빈들에 당신의 영광이』, 바오로딸, 71~89쪽.

을 정하여 길도 없는 험악한 곳을 헤매었습니다.[127]

그는 책문에서 출발해 압록강을 넘어 의주까지 이르는 "백삼십 리"
와 의주 성문 주변을 밤새 헤맨 "백 리"를 합쳐 약 90킬로미터를 1박
2일 동안 꼬박 걸었다. 낮엔 한반도의 산속에 숨어 있다가 밤엔 의주
근처를 헤매었다. 다음 날 아침 다시 강변에 도착했다.

> 해가 떠올라 사방을 환하게 비추고 있었습니다. 첫째 강과 둘째 강
> 을 건넌 뒤에 황막한 들길을 걸었습니다. 여기는 낮 동안 조선 사
> 람들이 중국으로 들어가기도 하고 다시 고국으로 돌아가기도 하
> 는 길목입니다.[128]

편지엔 압록강과 책문 사이를 조선과 중국 사람들이 오가는 "길목"
으로 쓰여 있다. 이는 62년 전 박지원의 기록과도 같다. 김대건은 중국
옷으로 갈아입는 과정에서 시간을 허비했다. 밤길을 걷다 보니 해가
떠올랐다. 저녁 무렵 책문에 도착했다.

그가 압록강을 넘나들며 걸은 거리는 140킬로미터가 넘는다. 10일
동안 이동했던 백가점과 책문의 왕복 거리는 약 300킬로미터다. 거리

---

127 김대건, 정진석 역, 2023, 『이 빈들에 당신의 영광이』, 바오로딸, 90~92쪽.
128 김대건, 정진석 역, 2023, 『이 빈들에 당신의 영광이』, 바오로딸, 92쪽.

도 거리지만 당시 길은 인적이 드물었다. 다음은 3차 두만강 넘기들기로 가는 여정이다. 그는 장춘 소팔가자에서 출발했다.

우리는 널빤지로 만든 썰매를 타고 눈이 쌓인 길을 빠르게 달려 몇 시간 만에 장춘에 도착 [...] 들판을 지나 처음 도착한 도시가 길림 [...] 길림은 송화강 동쪽 강가에 자리 잡고 있는데, 송화강은 2월의 추위로 아직 얼어붙어 있었습니다. [...] 덜 험한 길을 골라 걷느라 어느 때는 언 강을 건너기도 하고 어떤 때는 강 오른쪽이나 왼쪽 기슭을 따라가기도 [...] 썰매를 그곳(주막)에 버려두고 말 등에 안장을 얹고 주막 주인의 마차를 따라 길을 떠났습니다.[129]

김대건은 장춘에서 훈춘까지 "2천 리"라고 했다. 그는 백두산으로 경유하면 거리가 절반으로 줄어들지만 그렇게 하기엔 힘들다고 덧붙였다. 대신 길림(지린)을 지나가며 송화강의 얼음 위를 걸었다. 그 강과 헤어진 뒤엔 목단강과 마주쳤다. 이동 수단은 도보 외에 썰매, 말, 마차였다.

음력 설 전후로 주막에서 쉰 8일을 제외하면 실제 이동엔 20일이 걸렸다. 그는 이 길을 실감 나게 묘사했다. 나는 기차와 자동차가 없던 시절, 만주를 가로지르는 장면이 담긴 보물 같은 기록을 발견했다. 다

---

[129] 김대건, 정진석 역, 2023, 『이 빈들에 당신의 영광이』, 바오로딸, 97~105쪽.

음은 북간도 훈춘을 그린 내용이다.

> 바다에서 별로 떨어지지 않은 곳으로 조선과 만주를 가르는 두만강 어귀 [...] 2년에 한 번씩, 그나마도 한나절만 열립니다. 훈춘에서 사십 리 떨어진, 조선에서 제일 가까운 도시 경원에서 행해집니다. [...] 시장이 서기까지 여드레나 남았습니다. [...] 멀지 않은 산림 가운데 태백산, 곧 백두산이 구름 위에 솟아 있습니다. [...] 교역을 개시한다는 통지를 훈춘으로 보내주었습니다. 저는 [...] 서둘러 시장으로 갔습니다.[130]

압록강과 마찬가지로 훈춘에서 경원으로 향할 때 두만강을 어떻게 넘었다는 이야기는 없다. 경원에서 만난 연락원은 "조선 전체를 통과"해야 하는 이동 거리를 고려하면 "훈춘보다 변문(책문)이 덜 위험"이라 조언했다. 알다시피 두만강보다 압록강이 한양(서울)에서 가깝다.

역사책엔 1860년대 이후 한반도에서 북간도로 사람들이 농사짓기 위해 두만강을 넘었다는 설명이 주를 이루지만, 회령과 더불어 경원에선 이미 1645년부터 개시 무역을 하고 있었다. 1844년 김대건은 훈춘에서 조선말을 잊은 채 살아가는 20대 젊은이를 만나기도 했다.

김대건이 2월 두만강을 넘나들기를 한 뒤 다시 출발지인 소팔가자

---

130 김대건, 정진석 역, 2023, 『이 빈들에 당신의 영광이』, 바오로딸, 105~120쪽.

로 돌아왔을 땐 4월이었다. 장춘과 훈춘을 오간 거리는 4,000리다. 그러니까 1,600킬로미터다. 위 내용이 담긴 아홉 번째 편지엔 만주를 관찰한 내용, 사람들의 삶, 청나라 건국 역사 등이 기록되어 있다.

열 번째 편지엔 마지막으로 압록강으로 가는 여정이 등장한다. 그는 책문에서 압록강까지 한밤중에 걸었다. 밤길을 선택한 이유는 이번에도 밝히지 않았다. 압록강은 낮에 건넜으나 이 과정에 대한 구체적인 묘사는 없다. 바로 "해 질 무렵 의주 읍내"라는 표현이 이어진다. 그곳에서 한겨울의 추위를 겪었다.

> 연락원들을 앞세워 보내고 저 혼자 의주에서 이십 리가량 떨어진 산골짜기를 찾아들어 울창한 숲속 어둠침침한 나뭇가지 밑에 몸을 숨겼습니다. [...] 눈이 다섯 자 혹은 열 자나 높이 쌓여 있었습니다. [...] 저는 한 명만 데리고 의주를 떠났습니다. 저는 아픈 다리를 질질 끌며 삼십 리를 겨우 걸은 다음 주막에 들어가 밤을 지냈습니다.[131]

나의 생각이다. 그가 겨울에만 두만강과 압록강을 도강한 것은 우연일까? 소설 『토지』의 1910년대 두만강처럼 1840년대 압록강 또한 겨울이면 꽁꽁 얼어서 사람들이 오가기 쉬운 육로였을 것이다. "통과하

---

131 김대건, 정진석 역, 2023, 『이 빈들에 당신의 영광이음』, 바오로딸, 128~130쪽.

기 매우 힘든" 압록강이었다면 매번 낮에 그가 건너지 않았을 것이다.

김대건이 마주한 두만강과 압록강은 엄중한 경비가 존재하는 조선과 청나라의 경계가 아니라 두 나라 사이를 잇는 길목의 강이었다. 김대건이 걸어가는 압록강 모습을 상상할 때 나는 한겨울을 먼저 염두에 둔다.

김대건의 편지는 그 시절의 두만강과 압록강 일대뿐 아니라 만주를 생생하게 따라갈 수 있는 1차 사료다. 또한 그는 만주 일대를 어림잡아 4,000킬로미터 이상 다녔다. 당연히 기차가 없던 시절이다. 이 숫자엔 만주에서 한반도로 향하고자 했던 단 하나의 집념이 새겨 있다. 두만강과 압록강은 이를 지켜봤다.

2025년 6월 나는 단둥에서 대련으로 향하던 중 백가점을 찾았다. 그의 편지를 읽으며 키운 소망이다. 그곳에서 책문과 압록강은 물론, 강 너머 북한 의주까지 이어지는 200여 킬로미터의 김대건 길을 따라 건

책문 일대다. 김대건이 마주한 책문과 압록강의 겨울은 어떤 풍경이었을까? (2024년 8월, 2013년 2월)

고 싶다. 만주와 한반도에 평화가 찾아올 그날을 꿈꾼다. 물론 그의 길은 압록강에서 평양을 거쳐 서울로 이어진다.

압록강 상류와 중류를 경험한
김구

1876년에 김구가 태어났다. 20대 전 그는 어떤 경험을 했을까? 이는 『백범일지』의 「북행 견문과 청국 시찰」[132]에서 이를 확인할 수 있다. 1895년 음력 5월 그는 말 한 필을 내다 팔았다. 200냥을 여비로 삼아 만주와 백두산으로 떠났다.

청일전쟁 직후와 명성황후 시해 직전이다. 그는 백두산을 거쳐 북경(베이징)까지 갈 계획이었다. 황해도 신천을 떠나 평양, 함흥, 북청 그리고 단천을 경유했다. 음력 7월 갑산에 닿았다. 그가 주목한 것은 나무의 쓰임이다.

집들의 지붕에 한결같이 푸른 풀이 무성해 있다는 점이다. [...] 거기 말로 봇껍질이라 하는 것으로 지붕을 덮고 흙을 씌워놓아 풀씨가 날아와서 흙에 떨어져 무성케 해놓았기 때문이었다. [...] 색이 희고 탄력성이 강해서 지붕을 덮을 때 반드시 조약돌이나 흙으

---

132 김구, 도진순 역, 2017, 『백범일지』, 돌베개, 68쪽.

로 눌러놓는데, 흙기와나 돌기와보다 오래 가고 무너지지 않는다고 한다. 또 그곳에서는 사람이 죽은 후 염습할 때 봇껍질로 싼다고 하였다. 그렇게 하면 흙 속에서 만 년이 지나도 해골이 흩어지지 않는다고 한다.[133]

"봇"이 낯설다. 어학사전을 찾아보니 "자작나무의 북한어"다. 그러니까 봇나무는 결혼식 첫날밤 화촉을 밝힐 때 썼던 자작나무의 다른 명칭이다. 여담으로 나는 백두산 일대에서 자작자작 소리를 내며 탄다는 자작나무를 볼 때면 김구의 "봇껍질" 설명이 생각난다. 그는 혜산으로 갔다. 압록강 상류다. 그곳의 강폭과 그 강에 기대어 사는 삶을 다음과 같이 적었다.

혜산진에서는 압록강 건너편의 중국인 민가에서 개 짖는 소리까지 다 들렸고, 압록강도 걸어서 건너다녔다.[134]

이를 풀어 읽었다. 강폭은 "건너편"의 "개 짖는 소리"가 들릴 만큼 좁다. 사람들은 압록강 너머, 중국인 민가로 "걸어서 건너다녔다." 1895년 만주와 한반도 경계인 압록강 상류의 모습이다. 그로부터 105년 후 나

---

133 김구, 도진순 역, 2017, 『백범일지』, 돌베개, 72쪽.
134 김구, 도진순 역, 2017, 『백범일지』, 돌베개, 73쪽.

중국 장백과 북한 혜산 사이의 압록강 상류다. 2020년 전후 북한과 중국의 국경 모습이다. 약 120년 전 김구가 봤던 압록강 삶은 지금과 다르지 않다. (2018년 10월, 2019년 10월, 2017년 7월, 2023년 8월)

역시 북한과 중국의 국경 지역을 갈 때마다 비슷한 일상을 목격했다.

약 1킬로미터 강폭의 압록강 하류에서 "신의주의 닭 울음소리를 들으며 압록강 섬을 걷고 압록강을 바라보며 사색에 잠기는 체험"[135]을 했다. 그리고 보니 세월을 건너 김구와 나의 경험이 겹친다. 상류와 하류만 다를 뿐이다. 한반도 혜산에서 백두산 천지까지는 90킬로미터 남짓한 거리다. 그는 곧장 백두산으로 향하지 않았다. 김구가 선택한 길이다.

백두산으로 가는 길을 물으니 서대령을 넘어서 간다 했다. 삼수군

---

135 강주원, 2019, 『압록강은 휴전선 너머 흐른다』, 눌민, 284쪽.

으로, 장진군으로, 후창군으로, 자성군 중강을 건너 모아산에 도착
했다.[136]

그는 중강으로 내려가 압록강 중류를 건넜다. 이는 백두산 반대 방
향으로 길을 잡은 것이다. 아무리 생각해도 길 안내를 잘못 받은 듯하
다. 그 결과 백두산 가기를 접고 통화로 발길을 옮겼다. 이후 환인(환
런), 임강(린장) 등을 다녔다. 그가 마주한 서간도 상황이다.

> 외국으로 넘어와 중국 사람들이 살지 않는 산속 험악한 곳만 택해
> 서 화전을 일구고 조와 강냉이 농사를 지으며 살았다. [...] 무논(수
> 전)은 보지 못하였다. [...] 그 지역에 들어오는 소금은 다 의주 방
> 면으로부터 물길로 수천 리씩 실려 와서 판매되었다.[137]

이주한 사람들은 대부분 생활난을 피하여 간 사람들이 많았다. 갑
오년 청일전쟁 때 피난하여 건너간 집이 많았고, 드물게 죄를 저지
르고 도망한 자들, 즉 전국 각지에서 민란을 일으켰던 주동자들,
공금을 유용한 평안·함경도 이속吏屬들도 간혹 있었다. [...] 도처
에 천연의 요새가 있었다. 그 천연 요새들은 한 사람이 막으면 만

---

136 김구, 도진순 역, 2017, 『백범일지』, 돌베개, 73쪽.
137 김구, 도진순 역, 2017, 『백범일지』, 돌베개, 74~75쪽.

　　　　　　　　　　　　　　　　　　　　　　　3부

사람도 들어올 수 없는 곳이므로 여진·금·요·고구려의 발원지라
한다.[138]

"소금은 다 의주 방면으로부터 물길"인 압록강을 따라 옮겨졌다. 김
구는 그 길목에서 동포들을 만났다. 저마다의 사연을 품은 한반도 출
신들이 만주에 거주하고 물자가 만주와 한반도를 연결하던 1895년이
다. 또한 그의 발길이 닿은 서간도는 16년 뒤인 1911년 전후 신흥무관
학교의 씨앗이 뿌려질 현장이었다.

1895년 음력 11월 무렵 김구는 압록강을 넘나들었다.[139] 그때 의병
장 김이언을 만났다. 이 대목부터 나는 압록강 중류를 만날 마음의 준
비를 했다.

김이언의 비밀 주소를 알아내게 되었다. 강계군 서문인 인풍루 밖
으로 80여 리 더 가서 압록강을 건너면 그곳 사람들이 보통 황성이
라 부르는 곳이 있는데, 부근 10리 되는 곳에 삼도구라는 곳이 있
었다.[140]

---

138 김구, 도진순 역, 2017, 『백범일지』, 돌베개, 75쪽.
139 김구, 도진순 역, 2017, 『백범일지』, 돌베개, 76쪽.
140 김구, 도진순 역, 2017, 『백범일지』, 돌베개, 77쪽.

비밀히 강계성에 들어가서 화약을 매입하여 등에 지고 압록강을 건너기도 했고, 초산·위원 등지에 몰래 숨어 들어가 포수를 모집하기도 했다. 거사할 때는 을미년 11월 초였다. 압록강은 대부분 빙판으로 얼어붙어 있었다. […] 내가 위원에서 일을 마치고 […] 돌아오던 중 혼자서 얇은 얼음을 밟았다가 강 속에 빠진 적이 있었다.[141]

이처럼 『백범일지』는 일제강점기 약 15년 이전의 압록강 중류 일대의 실상을 알려준다. 김구는 압록강을 건너거나 넘나들었는데 "강 속에 빠진" 일화만 남겼다. 한편 김구가 목격한 것은 의병 실패였고 결국 고향으로 돌아갔다.

상류와 중류를 경험한 그의 압록강 인연은 여기서 끝나지 않았다. 24년 뒤에도 이어진다. 1919년 3·1 운동 직후 그는 마지막으로 압록강 하류를 건넌다. 이번엔 그 순간을 남겼을까? 이는 이 책 「망명길에 인력거를 탄 김구」에서 다룬다.

---

[141] 김구, 도진순 역, 2017, 『백범일지』, 돌베개, 81쪽.

2장

1910년 한일병합 전후
청나라 또는 중화민국으로

한여름 두만강을 건넌
안중근

나는 김훈의 문장을 좋아한다. 이런 문학 취향과 별개로 역사 소설 『하얼빈』을 읽으면서도 묘사의 사실 여부를 따지는 버릇은 고쳐지지 않는다. 책을 펼치니 "안중근과 이토 히로부미의 이동 경로"를 표시한 지도가 눈에 들어왔다. 이를 보며 중얼거렸다. "어, 안중근은 두만강이나 압록강을 건너진 않았구나!" 안중근 이동 경로를 다룬 『하얼빈』 대목이다.

황해도 신천에서 블라디보스토크로 가려면 먼저 서울로 가서 기차를 타고 부산으로, 부산에서 기선을 타고 함경남도 원산으로, 원

산에서 기선을 갈아타고 러시아령으로 들어가야 했다.[142]

주인공 안중근은 황해도에서 동북쪽으로 방향을 정하지 않았고 두만강을 넘는 일정도 짜지 않았다. 이보다 돌아가는 먼 길을 택해 최종 목적지인 연해주로 가고자 했다. 줄거리를 요약한 지도에도 안중근이 두만강과 간도를 거쳐 연해주로 가는 여정은 표시되어 있지 않았다. 왜 그랬을까? 의구심을 품고 책장을 넘겼다. 그런데 소설 전개는 달랐다. 두만강 장면이 나온다.

두만강을 건너와서 안중근은 정주하지 않았다. 안중근은 간도와 러시아령의 내륙 산간 마을들이나 연해주의 바닷가를 다니면서 한인들이 사는 꼴을 살폈다. 안중근은 하바롭스크에서 기선을 타고 아무르강을 거슬러 올라갔다. 강변의 선착장에 내려서 눈에 묻힌 마을에서 묵었다. [...] 눈으로 보고 발로 디뎌야 할 자리처럼 여겨졌다. [...] 아무르강은 넓어서 건너편이 보이지 않았고 흐린 하늘 아래서 강은 늘 검었다.[143]

김훈은 송화강이 합류하는 아무르강을 거슬러 오르는 안중근의 모

---

142 김훈, 2022, 『하얼빈』, 문학동네, 61쪽.
143 김훈, 2022, 『하얼빈』, 문학동네, 87~88쪽.

습과 풍경을 그려냈다. 눈앞에서 펼쳐지듯 실감이 난다. 그렇지만 그것은 그것이고 나의 관심은 다른 데 가 있었다.

실제로 그가 지도와 소설 앞부분의 계획대로 부산으로 갔는지, 아니면 후반부처럼 두만강을 건넜는지가 궁금했다. 안중근은 옥중 자서전에 "식구들과 이별하고 북간도를 향하여 도착하니"[144]라고 남겼다. 다른 자료들을 뒤적거렸다.

안중근 의사는 1907년 배편으로 블라디보스토크로 가려고 하였으나 청진에서 임시검문에 발각된다. 다시 육로를 택하고 회령에서 두만강을 건너 8월 16일 용정에 도착한다. 이곳에 약 3개월을 있었다.[145]

궁금증은 곧 해결됐다. 경로를 바꾼 사실이 『하얼빈』의 지도엔 반영되지 않았다. 안중근은 연해주로 향하기 전 두만강을 건넜다. 여담으로 그는 간도 용정(룽징)과 명동촌 사이의 선바위에서 사격술을 연마했다. 이 일화는 그를 다룬 책들의 단골 소재다.

소설 속 안중근이 가고자 했던 바닷길을 통해 연해주로 간 인물들이 있다. 시기가 비슷하다. 이준은 1859년에 태어났다. 그는 경부선을 타고

---

144 안중근, 2019, 『안중근 옥중 자서전』, 열화당, 62쪽.

145 김재홍, 2022, 『독립전쟁! 그 현장을 가다』, 부천시협의회, 57쪽.

부산으로 가 배를 타고 블라디보스토크[146]에 닿았다. 40대 후반인 1907년이다. 헤이그 특사로 떠나기 전이다. 1842년에 태어난 유인석은 원산에서 출발하는 뱃길[147]을 이용했다. 60대 중반인 1908년이다. 참고로 이준은 1907년 네덜란드, 유인석은 1914년 서간도에서 삶을 마감했다.

『안중근 옥중 자서전』엔 1909년 간도협약 이전의 두만강이 다시 등장한다. 그는 일명 신아산 전투 전후의 경험을 구체적으로 남겼으나 두만강에 대해선 그곳에 "이르니"와 "무사히 강을 건넜다."라고만 표현하였다. 이 책 「만주는 늘 춥다?」에 언급했듯, 영화 《하얼빈》은 이 전투를 겨울로 묘사하였다. 그러나 실제 안중근은 여름에 두만강을 넘나들었다. 말 그대로 계절이 다르다.

> 부대를 나누어 출발시켜 두만강에 이르니 [...] 낮에는 엎드려 숨고 밤에는 걸어서 함경북도에 이르러 일본군과 수차 충돌하여 [...] 대체로 열이틀 동안에 단 두 차례 밥을 먹고 목숨을 건져 여기까지 온 것이었다. [...] 며칠 후에 세 사람이 모두 무사히 강을 건넜다. [...] 출전을 전후하여 날짜를 계산해 보니 대체로 한 달 반인데, 사영한 일 없이 언제나 노영으로 밤을 보냈고, 장맛비가 그치지 않고 퍼부어 그동안의 온갖 고초는 붓 한 자루로는 적기 어렵다.[148]

---

146 심용환, 2019, 『단박에 한국사(근대편)』, 위즈덤하우스, 253쪽.

147 박환, 2012, 『만주지역 한인유적답사기』, 국학자료원, 113쪽.

안중근이 본 연해주 여름이다. 그가 연해주에서 하얼빈을 거쳐 마지막으로 여순에 닿은 기찻길이다. (2024년 7월, 2025년 7월, 2025년 6월)

안중근은 1879년에 태어났다. 20대 후반인 1907년 8월 두만강을 건넜다. 1908년 여름엔 그 강을 넘나들었다. 하얼빈 도착은 1909년 10월이다. 1910년 3월 26일 오전 10시 4분이다. 막 30대에 들어선 그는 생을 마쳤다. 이는 3년을 채우지 못한 세월, 안중근이 걸어간 길이다. 이 모든 일이 1910년 8월 한일병합 이전에 벌어졌다. 그 시기가 지닌 무게감이 다가온다.

하지만 안중근의 하얼빈을 다룬 영화나 소설은 그의 여정을 허구로 다루곤 한다. 한국 사회는 그가 여순(뤼순)의 어디에 묻혀 있는지도 모른다. 나는 만주와 한반도를 넘나들었던 이들의 꿈과 목적뿐 아니라 실제로 걸어갔던 길 또한 있는 그대로 기억하겠다고 다짐한다.

---

148 안중근, 2019, 『안중근 옥중 자서전』, 열화당, 69~79쪽.

신흥무관학교 길을 닦은
이회영과 동지들

1909년 간도협약과 1910년 한일병합 이후 압록강을 건넌 이들이 있다. 이회영 일가다. 나라가 사라진 지 다섯 달 뒤였다. 청나라는 아직 만주에서 물러나기 전이다. 압록강 하류의 강폭은 서울 한복판을 지나는 한강과 비슷하다. 다리가 없던 시절이다.

이 여정은 이회영의 부인 이은숙 회고록 『서간도 시종기』에 적혀 있다. 그녀는 70대 후반인 1966년 집필을 마쳤다. 나는 이 책을 정독하며 이회영 일가의 서간도 이주 경로를 따라갔다. 책을 덮으며 그들이 걸어간 여정을 신흥무관학교 길이라 부르기로 마음먹었다.

이회영은 1867년에 태어났다. 40대 초반의 그는 한일병합 사흘 전 압록강으로 향했다. 사전 답사를 했다. 이회영 일가가 무작정 만주로 간 것이 아니었다. 나는 그동안 이런 준비 과정이 있었음을 놓치고 있었다.

> 경술년 7월 보름(음력) [...] 백지 몇 권씩 지고 남만주 시찰을 떠나셨다. [...] 안동현서 5백 리 되는 횡도천으로 가셔서 임시로 자리를 잡고 [...] 앞으로 오는 동지의 편리함에 대한 책임을 부탁하며 양미와 김장까지 여러 십 독을 준비하라고 부탁하셨다.[149]

---

149 이은숙, 2017, 『서간도 시종기』, 일조각, 62~63쪽.

이 기간은 약 45일이었다. 그는 돌아오자마자 형제들과 만주로 떠날 채비를 서둘렀다. 한편 나는 "경술년 12월 30일"[150]에 "압록강을 넘어 떠났다."라는 대목에서 헤맸다. 이회영 관련 책과 자료엔 일가가 한일병합이 있던 그해 12월 30일 압록강을 건넜다는 서술 그리고 이를 강조한 내용이 대부분이었다.

그런데 회고록의 날짜는 음력 12월 30일이다. 이를 양력으로 환산하면 1910년이 아니라 다음 해인 1911년이다. 그렇다면 이는 원본의 음력 표기가 재인용 과정에서 생략되면서 빚어진 착오다.

경술년 12월 30일에 대소가가 압록강을 넘어 떠났다. 우리 집은 나중에 떠나는데, 우당장은 며칠 후에 오신다고 하여 내가 아이를 데리고 떠났다.[151]

정리하면 이회영 일가의 대다수는 경술년 12월 30일, 양력으론 1910년이 아닌 1911년 1월 말 무렵 압록강을 넘었다. 이회영 직계 가족은 1911년 2월 전후 압록강을 건너 안동(단둥)에 도착했다. 물론 1910년이 아니라 1911년 초라고 해서 그 여정의 의미가 퇴색되지 않는다. 다시 압록강을 넘는 장면으로 돌아간다.

---

150 이은숙, 2017, 『서간도 시종기』, 일조각, 65쪽.
151 이은숙, 2017, 『서간도 시종기』, 일조각, 65쪽.

신의주에 연락 기관을 정하여. 타인 보기에는 주막으로 행인에게 밥도 팔고 술도 팔았다. 우리 동지는 서울서 오전 8시에 떠나서 오후 9시에 신의주에 도착, 그 집에 몇 시간 머물다가 압록강을 건넜다.[152]

국경이라 경찰의 경비 철통같이 엄숙하지만, 새벽 3시쯤은 안심하는 때다. 중국 노동자가 [...] 태워 가는 썰매를 타면 약 두 시간 만에 안동현에 도착한다. 그러면 이동녕 씨 매부 이선구 씨가 마중 나와 처소로 간다. 안동현에는 우당장이 방을 여러 군데, 동지들 유숙할 곳을 정하여 놓고, 국경만 넘어가면 준비한 집으로 가 있게 하였다.[153]

이회영 일가는 썰매를 탈 수밖에 없었다. 국경 경비를 피하기 위한 선택만은 아니었다. 1911년 1월 무렵 만주와 한반도를 연결하는 다리는 공사 중이었다. 그들은 신의주 강변 어디에서 썰매를 타고 압록강을 가로질렀을까? 이를 기록한 자료는 찾지 못했다.

다만 "두 시간 만"에 건넜다는 정황을 근거로 나는 짐작해 본다. 단둥 시내를 기준으로 하류보단 상류, 박지원과 김대건이 건넜던 의주보

---

152 이은숙, 2017, 『서간도 시종기』, 일조각, 65쪽.
153 이은숙, 2017, 『서간도 시종기』, 일조각, 65쪽.

단 하류 지점이었을 것이다. 당시 사진들을 보면 그 부근에 겨울철 썰매 길이 나 있었다. 이회영 일가와 동지는 안동에서 10일 정도 머문 뒤 압록강과 이별한다. 1911년 2월이다.

> 임시로 정한 횡도천으로 향하였다. 6형제 식구와 둘째 댁, 출가여식의 서랑(사위)까지 데리고 와 마차 십여 대를 얻어 일시에 떠났다.[154]

나는 심양(선양) 공항에서 백두산으로 갈 때면 환인(환런)에 들리곤 한다. 이유는 단 하나, 고구려의 첫 도읍지이기 때문이다. 그동안은 2,000여 년 전 주몽이 말 달리는 모습을 상상했을 뿐 다른 역사의 흔적을 떠올리지 못했다. 환인과 압록강 사이를 다닐 때도 마찬가지였다. 『서간도 시종기』를 읽고 나서야 몰랐던 사실을 하나씩 알아갔다.

1910년대 전후부터 닦인 환인 주변의 길이 그려졌다. 고구려 졸본성을 기준으로 동쪽으론 통화로 향하는 젊은이들, 북쪽으론 김원봉, 서쪽으론 김산의 발자취를 따라갈 수 있다. 모두 신흥무관학교 출신이다. 남쪽에선 이 학교의 핵심 역할을 할 또 다른 이들이 걸어온다. 그들의 고향은 경상북도 안동이다.

---

154 이은숙, 2017, 『서간도 시종기』, 일조각, 69쪽.

고구려의 졸본성 정상에서 댐이 없던 1910년대 풍경을 상상한다. 이 지역으로 걸어왔거나 떠나간 이들의 이름을 기억한다. (2024년 9월, 2024년 4월)

이상룡과 김대락 등 안동의 혁신 유림을 비롯한 상당수가 모든 것을 포기하고 압록강을 건넜다.[155]

안동현서 횡도촌은 5백 리가 넘는지라, 입춘이 지났어도 만주 추위는 조선 대소한 추위 비치도(비교하지도) 못하는 추위이다. 노소 없이 추위를 참고, 새벽 4시만 되면 각각 정한 차주(수레의 주인)는 길을 재촉해 떠난다. 채찍을 들고 "어허!" 소리 하면 여러 말들이 고개를 치켜들고 "으흥!" 소리를 하며 살같이 뛴다.[156]

이회영 일가의 대식구는 압록강 너머 서간도 환인으로 발길을 향했다. 이회영은 말을 탔다. 이은숙은 마차 안이었으나 추위에 고생했다. 종일 40킬로미터를 넘게 갔으나 백여 필이 넘는 말을 묶어 둘 곳

---

155 한경구·한홍구, 2017, 「잊어선 안 될 그날들」, 『서간도 시종기』, 일조각, 33쪽.
156 이은숙, 2017, 『서간도 시종기』, 일조각, 69쪽.

이 마땅치 않을 때면 밤에도 길을 재촉했다. 그녀가 묘사한 풍경이다.

갈수록 첩첩산중에 천봉만학(수많은 산봉우리와 산골짜기)은 하늘에 닿을 것 같고, 기암괴석 봉봉(수많은 봉우리)의 칼날 같은 사이에 쌓이고 쌓인 백설이 은세계를 이루었다. 험준한 준령이 아니면 강판 얼음이 바위같이 깔린 데를 마차가 어찌나 기차같이 빠른지, 그중에 채찍을 치면 더욱 화살 같이 간다.[157]

그들은 약 8일 만에 "5백 리 넘는" 거리를 이동해 목적지에 도착했다. 서울에서 대전을 지나 거의 대구에 이르는 거리와 맞먹는다. 모인 이가 "60명"이다. 여정은 환인에서 멈추지 않았다. 이회영과 이석영 가족 그리고 이시영은 왔던 길만큼 더 가야 하는 통화로 길을 나선다.

유하현은 5, 6백리나 되는데 2월 초순에 도착하였다. [...] 추가가라 하는 곳으로 가서 3칸 방을 얻어 두 집 권속이 머물렀다.[158]

이쯤에서 묻게 된다. "왜 이회영 일가는 환인과 통화로 갔을까?" 환인엔 압록강으로 흘러드는 강이 있다. 중국에선 혼강으로 부르고 한국

---

157 이은숙, 2017, 『서간도 시종기』, 일조각, 71쪽.
158 이은숙, 2017, 『서간도 시종기』, 일조각, 71쪽.

에선 주몽 전설이 서린 비류수가 익숙하다. 이 유역은 1840년대 압록
강을 건넌 이들이 논농사를 짓는 곳이었으며 점차로 환인과 통화로 넓
어졌다.

만주의 독립운동사엔 대종교를 믿는 이들이 있었다. 그들은 1911년
환인에 동창학교를 세웠다. 1859년에 태어난 박은식과 1880년에 태어
난 신채호가 머물며 교사로 활동했다. 그때 그들은 각각 50대와 30대
중반이었다.

또 있다. 1879년에 태어난 한용운은 30대 초반, 신흥무관학교를 찾
아갔다. 이후에도 만주를 돌아다녔던 그는 1913년 압록강을 건너 귀국
했다. 이처럼 1910년 무렵의 환인과 통화는 압록강을 건넌 이들이 모
여드는 공간이었다.

1911년은 아니지만 가족과 함께 압록강을 넘어 환인 언저리에 정착
한 인물이 있다. 한국 국립묘지와 북한 애국열사릉의 주인공 양세봉은
1896년에 태어났다. 1917년 압록강을 건넜고 1934년 밀정의 함정에
걸려 삶을 마감했다. 30대 후반이었다. 그의 죽음이 서간도에 남긴 파
장은 소설『아리랑』에서 엿볼 수 있다.

> 양세봉 장군의 횡사는 신빈현 통화현 유하현 일대의 동포들에게
> 도 큰 충격으로 소문이 퍼져나가고 있었다.[159]

이 가운데 이은숙이 반경 "백 리"로 표현한 지역은 통화다. 경학사에

서 시작해서 신흥강습소, 신흥중학교, 신흥무관학교로 이어진 터전이다. 10여 년 동안 3,000명이 넘는 학생이 그 문을 드나들었다. 그들이 걸었던 길은 통화에 머물지 않았다. 만주 전역과 중국 대륙으로 씨줄과 날줄처럼 뻗었다. 그 궤적을 더듬은 글이다.

> 남은 것은 사람이었다. 의열단을 비롯하여 1920년대 독립운동을 이끌어간 주역들의 다수가 신흥무관학교 출신이었다. 1930년대에 만주 지역에서 중국인들과 함께 치열한 무장투쟁을 전개한 것도, 1940년대에 한국광복군을 창설하고 주요 간부로 활동한 것도 신흥무관학교 출신들이었다.[160]

> 6형제가 압록강을 건넜건만 36년 뒤 광복이 되었을 때 살아 돌아온 사람은 단 한 명, 다섯째 이시영뿐이었다.[161]

위의 한 문장에 이회영 일가의 만주 시작과 끝이 다 있다. 여기까지만 살펴봐도 압록강을 넘어 안동(단둥)과 환인과 통화로 가는 여정을 신흥무관학교 길로 불러야 할 이유는 충분하다. 그곳의 산하, 서간도

---

159 조정래, 2013, 『아리랑 10』, 해냄, 28쪽.
160 한경구·한홍구, 2017, 「잊어선 안 될 그날들」, 『서간도 시종기』, 일조각, 34쪽.
161 한경구·한홍구, 2017, 「잊어선 안 될 그날들」, 『서간도 시종기』, 일조각, 21쪽.

는 신흥무관학교의 씨앗을 뿌리고 열매를 거두었던 이들과 가족과 젊은이들을 품었다.

단둥은 『열하일기』의 현장뿐 아니라 신흥무관학교 길의 출발지다. 『열하일기』를 따라가는 답사가 줄을 잇는 모습을 바라보며 든 생각이다. 신흥무관학교로 향하던 길도 여전히 압록강 너머에 있으나 한국 사회가 찾지 않는다. 그 길을 어떻게 알릴지를 고민하던 2025년 여름이다.

환인에서 단둥으로 이동하며 고속도로를 피했다. 일부러 옛길로 가다 차에서 내려 잠시나마 걸었다. 1910년대 나라가 사라진 직후 고구려의 주몽이 나라를 세운 터로 향하는 무리를 만났다. 이들에게 길을 열어 준 이회영, 개인의 압록강 넘나들기를 덧붙인다. 그는 때론 배, 때론 썰매를 타고 압록강을 건너 만주로 갔다. 마지막으로 압록강을 넘어 고국으로 돌아올 때 그는 한 줌 재가 되어 기차에 실렸다.

신흥무관학교의 씨앗이 뿌려진 횡도촌에 갔던 이들과 함께 환인과 단둥 사이, 이회영 일가가 지나간 길을 걸었다. 그들이 살아낸 세계로 들어갔다. 옛길을 따라 걷는 사람들의 마음을 이해했다. (2025년 7월)

신경으로 가서 저희 남매 실성통곡 후에 유해(유골함)를 모시고 임신년 11월 초하루 오전 5시 5분에 장단역에 도착한다는 전보를 받았다.[162]

유해가 도착하기 전 눈발이 흩날렸다. 그 모습을 상상하다가 그가 삶의 마침표를 찍은 1932년이 선명하게 다가왔다. 그해 3월 만주국 시대가 열렸다. 일제강점기가 시작되자마자 독립을 꿈꾸며 한반도에서 청나라의 만주로 떠났던 이회영이다. 중국 대륙에서 일본의 만주국 시대가 막 열린 만주로 향하다가 숨을 거두었다.

내가 기억하는 1932년의 죽음이 또 있다. 1858년에 한반도 안동의 임청각에서 태어난 이상룡이다. 그는 50대 초반, 열 살 아래의 이회영과 뜻을 모아 신흥무관학교의 기반을 닦는 데 몸을 던졌다. 그 또한 만주국 시대가 시작한 해에 눈을 감았다.

1911년 2월 전후 같은 시기 압록강을 건넜던 이상룡과 이회영은 1932년 6월 길림(지린)과 11월 대련(다롄)에서 각각 생을 마쳤다. 역사와 우연을 혼동하는 나다. 그래도 한일병합 직후 한반도를 떠났던 그들은 만주국 시대가 열리는 순간을 지켜보며 같은 심정이었을 것이다.

---

162 이은숙, 2017, 『서간도 시종기』, 일조각, 223쪽.

3장

1919년 3·1 운동 직후
만주로

망명길에 인력거를 탄
김구

1895년 청일전쟁 직후다. 1876년에 태어난 10대 후반의 김구는 압록강의 상류와 중류를 넘나들었다. 40대 초반의 그는 압록강을 또 넘었다. 이 장면은 『백범일지』의 「상해 망명」에 나온다.

김구가 길을 나선 날은 1919년 3월 29일이다. 이튿날 사리원발 기차를 탔다. 여기저기에서 만세 운동 이야기를 하는 통에 배고픔도 잊었다. 신의주역을 빠져나왔다. 이제 압록강을 건너면 만주였다. 그는 어떤 방식으로 망명길의 국경을 넘었을까?

중국인의 인력거를 불러 타고 바로 큰 다리 위로 지나서 안동현의 어떤 여관에서 변성명하고 좁쌀 장수라 하고서 7일을 경과한 뒤, 이륭양행의 배를 타고 상해로 출발하였다. [...] 일본 경비선이 나팔을 불고 따라오며 배를 세울 것을 요구하나 영국인 선장은 들은 체도 아니하고 전속력으로 경비구역을 지나서 4일 후 무사히 포동 선창에 내렸다.[163]

김구의 선택은 기차가 아니었다. 중국인이 끄는 인력거를 타고 다리를 건넜다. 그의 뇌리에 남은 풍경은 강 위에 쌓인 얼음덩이였다.

관광지로 변모한 중국 단둥의 철길이 걷힌 압록강 다리다. 그 위에서 궁금증이 생겼다. 인력거에 몸을 실은 김구, 오토바이에 태워진 김산, 마라톤 연습을 하던 손기정은 오른쪽과 왼쪽 인도 중 어디로 지났을까? (2014년 2월)

3·1 운동 직후인 1919년 봄 그가 인력거를 탄 이유는 무엇일까? 처음부터 압록강 너머 안동(단둥)에서 만주행 기차를 탈 생각이 없었던 것일까? 국경 검문을 따돌리기 위한 위장이었을까? 『백범일지』는 명확한 이유를 설명하지 않는다.

이렇게 김구의 마지막 압록강 여정은 끝나고 약 26년에 걸친 망명길이 시작되었다. 1945년 11월 60대 후반의 그는 압록강이 아니라 상해에서 비행

---

163 김구, 도진순 역, 2017, 『백범일지』, 돌베개, 284쪽.

기를 타고 바다 건너 서울에 도착했다.

『백범일지』를 덮고도 나는 자꾸만 한 장면을 떠올린다. 3·1 운동 직후의 압록강 다리는 국경이다. 그곳에서 "중국인의 인력거"에 몸을 실은 김구 모습이다. 1910년 한일병합 이후 1919년의 압록강은 그랬다.

"압록강은 흐른다"를 묘사한
이미륵

3·1 운동이 일어난 1919년 3월 기준이다. 한 달 전엔 이회영, 한 달 후엔 김구가 압록강을 건너 북경(베이징)과 상해(상하이)로 향했다. 두 사람 모두 이미 압록강을 넘나든 경험이 있었다. 그해 압록강을 처음 넘은 20대 초반의 인물이 있다.

소설『압록강은 흐른다』의 저자 이미륵이다. 1899년에 태어난 그는 3·1 운동에 동참한 후 고향 황해도 해주에 갔다가 어머니 권유로 11월 만주로 향했다. 이미륵의 여정을 약 100년 뒤인 2024년의 시점에서 더듬은 글이다.

"도망가거라! 도망가야 한다!" [...] 압록강을 건너다 체포되고 총살된 이야기를 알고 있는 이미륵은 겁이 났다. [...] 어머니를 안심시키기 위해 망명길에 올랐다. 압록강을 건너 상하이로 갔다.[164]

이 대목에서 나는 국경과 관련된 1919년의 압록강 상황을 이해할 수 있다고 생각했다. 당시 한반도에 살던 이들이 압록강을 어떻게 인식했는지 보여 주는 사례라 여겼다. 더 알고자 이미륵의 자전적 소설 『압록강은 흐른다』를 펼쳤다. 그런데 책의 내용은 위 인용문과 달랐다.

> 어머니가 거듭 말씀하셨다. "국경이 있는 압록강 상류는 그렇게 경계가 심하지 않다고 하더구나. 거기에서 북쪽으로 도망갈 수 있을 게다." 나는 아무 말도 하지 않았다. 너무도 많은 학생이 도망치다가 체포되었고, 또 아주 많은 사람이 총살당했기 때문에 나는 선뜻 도망칠 용기가 나지 않았다. 그러나 어머니는 그렇게 위험하지는 않을 것이라고 생각하셨다. 이미 수많은 학생이 압록강을 무사히 건너 먼 곳으로 도망갔다고 하셨다.[165]

소설 속에서 어머니는 압록강 상류는 경비가 심하지 않다고 하고 주인공은 고향을 도망치는 일 자체를 위험하다고 판단했다. 사람들의 체포와 총살은 3·1 운동 직후 국내에서 벌어진 일이었다.

이어지는 장면이다. 주인공은 같은 해에 압록강을 건넌 이회영의

---

164 조형근, 2024, 『쾨이강의 다리 위에 조선인이 있었네』, 한겨레출판, 168쪽.
165 이미륵, 박균 역, 2016, 『압록강은 흐른다』, 살림출판사, 210쪽.

이미륵과 김산이 탔던 배는 어떤 모양이었을까? 이미륵이 묘사한 한반도 신의주 강변은 가을이다. 참고로 사진 속 풍경은 여름이다. (2015년 7월, 2023년 8월, 2017년 7월, 2007년 7월)

기차나 김구의 인력거를 택하지 않았다. 상류로 가지도 않았다. 갈대가 우거진 바다 같은 하류에서 한밤중에 "쪽배"를 탔다. 이 순간에도 위험이란 단어는 소설에 표현되지 않는다.

구체적 지명은 등장하지 않으나 짐작할 수 있다. 그는 신의주 압록강 너머의 "국경도시" 안동(단둥)에 도착했다. "한 번 더 국경의 강을 보기 위해 언덕으로 올랐다." 위치는 신의주와 의주 사이, 철교를 기준으로 상류다.

그 언덕들 사이로 나 있는 모래밭을 가로질러서 푸르른 강물이 석양 속에서 흘러가고 있었다. 이곳의 강은 아주 좁았다. 그 폭이 500미터도 채 되지 않았기에 건너편 강가 사람들의 얼굴을 어느 정도 식별할 수 있는 정도였다. 그들은 그물을 널고 있었다. 아낙들과 여자아이들이 저녁 끼니를 요리하기 위해 집 앞에 앉아서 콩껍질을 까고 있는 모습이 보였다. 사내아이들은 서로 장난을 치며 놀고 있었다. [...] 엷은 짚으로 덮힌 초가들이 언덕에 기댄 채로 여기저기 흩어져 있었다. 굴뚝에선 벌써 저녁 연기가 피어오르고 있었다. 저 멀리 청명한 가을 하늘 아래로 이 산, 저 산모롱이 줄지어 늘어서 있었다. 일광이 산을 비추었다. 그러고는 석양이 한 번 더 그 위를 비추더니, 푸른 어스름이 뉘엿뉘엿 산을 덮어 버렸다. [...] 압록강은 쉼 없이 쏴쏴 거리며 흘러가고 있었다. 날이 어둑어둑 저물었다.[166]

위 묘사는 주인공 눈에 비친 압록강 하류의 풍경이다. 소설은 압록강을 넘은 이들이 경험한 삶 또한 보여 준다. 주인공은 "(기차)역으로 걸어갔다." 다음 해인 1920년 그는 "중국 여권"을 만들었다. 한반도 출신이 불법으로 중국 여권을 위조한 것으로 보일 수 있다. 하지만 사실은 다르다.

중국이 1912년부터 외국인이라도 5년 이상 중국에 주소를 두고 거주하면 중국 국적을 취득할 수 있게 해서 유럽이나 미국으로 유

---

166 이미륵, 박균 역, 2016, 『압록강은 흐른다』, 살림출판사, 216~217쪽.

학하러 가려는 조선 지식인이 베이징을 중간 기착지로 이용하기
도 했다.[167]

이는 1912년부터 한반도에서 출발해 만주를 경유했던 이들이 그 시
대를 살아갔던 삶의 방식이었다. 소설 앞 대목으로 돌아가 이미륵이
묘사한 내용을 어떻게 해석해야 할까? 압록강 풍경의 실재일까? 허구
일까?

그는 사람 냄새 나는 풍경을 담고 흐르는 압록강을 소설에 표현했
다. 1919년의 국경, 만주와 한반도 사이를 위험한 지역으로 인식하는
한국 사회의 시각은 그의 문장 어디에도 없다. 이미륵의 소설을 읽는
출발점은 압록강을 있는 그대로 이해하는 데 있다. 1950년 독일에서
생을 마감한 그는 다시 압록강을 만나지 못했으나 여전히 "압록강은
흐른다."

김산이 걸었던 길을 품은
고향의 강

이미륵과 비슷한 시기이자 같은 방식으로 압
록강을 건넌 이를 다룬 책이 있다. 김산(본명 장지락)의 이야기 『아리랑』

---

167 이욱연, 2024, 『홀로 중국을 걷다』, 창비, 59쪽.

이미륵과 김산이 배를 타고 건넜던 압록강 하류다. 백석의 남신의주와 김산의 고향 용천 일대이기도 하다. (2023년 10월, 2016년 3월)

이다. 그는 1905년에 태어났다. 1920년 무렵 모스크바행을 결심하고 압록강을 기차가 아닌 배로 건넜다. 10대 중반이었다. 3·1 운동이 채 1년도 지나지 않은 시절이다.

조그만한 배를 타고 안동으로 갔다. 그곳에서 국경을 몰래 넘어서 만주로 갔는데 용케도 관헌에게 붙들리지 않았다. 자유와 대모험 이 눈앞에 펼쳐져 있었다. 나는 압록강을 건넌 것이다.[168]

김산은 압록강을 넘은 직후 "역에서 하얼빈행"을 탔으나 기차 운행 이 중단되는 바람에 방향을 바꾼다. 이는 목적지만 달라진 것이 아니 었다. 인생의 길 자체가 달라지는 계기였다. 그가 걸었던 행로의 계절, 이동 시간, 거리, 지역은 1911년 초 이회영 일가의 여정과 겹친다. 다

---

168 김산·님 웨일즈, 송영인 역, 2020, 『아리랑』, 동녘, 122쪽.

른 점은 이회영은 40대 중반이고 김산은 10대 중반이었다.

그는 통화까지 한 달 넘게 걸어갔다. 『아리랑』의 한 꼭지가 「700리 도보 여행」이다. 사전은 지니고 있었으나 중국어를 하지 못했다. 압록강보다 만주 여정이 기억에 남았는지 김산은 구체적으로 회고했다.

> 하루 종일 길바닥에 깊게 파인 마차 바퀴 자국을 따라 비척비척 걸어갔다. 피곤해서 걷지 못하면 덤불 속에서 쉬었다. 차가운 겨울바람이 이 넓은 평원에 서서히 휘몰아쳤다. 그것은 마치 내가 지나가고 있을 때 마당의 눈을 쓸고 있던, 너무도 가난하여 새 빗자루 하나 사지 못하는 늙어빠진 아낙네만큼이나 천천히 불어왔다.[169]

책엔 한 학교에 도착했으나 최저 나이에 미치지 못해 입학이 미뤄진 경험담과 이후 석 달 동안의 생활[170] 등이 담겨 있다. 그 학교가 신흥무관학교다. 1920년 여름 졸업한 그는 한 가정에 머물며 한때를 보냈다. 이 모습이 내게 만주의 일상과 평화로 다가왔다.

> 목사님-또한 그의 예쁜 딸을-만나 보러 삼원보로 돌아갔다. 나는 그곳에서 테니스도 치고, 호수에서 수영도 하고, 그물로 고기도 잡

---

169 김산·님 웨일즈, 송영인 역, 2020, 『아리랑』, 동녘, 124쪽.
170 김산·님 웨일즈, 송영인 역, 2020, 『아리랑』, 동녘, 130~131쪽.

으면서 한 달 가까이 보냈다. 그러는 사이에 그녀가 점점 더 좋아졌다.[171]

1920년 가을 그는 상해(상하이)로 갔다. 이후 위 인용문에 등장하는 가족을 다시 만나지 못했다. 그해 10월 북간도 훈춘 사건의 여파가 서간도 통화까지 밀려왔기 때문이다.

오래전부터 알고 싶었던 한 가지가 있다. 1898년과 1905년에 태어난 김원봉과 김산이 한반도가 아닌 만주에서 학창 시절을 함께 보냈는지 궁금했다. 김원봉이 신흥무관학교를 다녔던 때다.

1919년 2월 봉천으로 이동한다. […] 약산은 신흥무관학교에서 약 3~4개월 정도 머문 뒤 1919년 10월 다시 지린으로 돌아온다.[172]

김산보다 김원봉이 몇 달 앞서 학교를 거쳐 갔다. 졸업 후 그는 북쪽 길림(지린)으로 향했다. 김산은 서쪽 상해로 인생행로를 걸어갔다. 김원봉도 압록강을 건넜다. 1918년 여름 그는 기차로 압록강을 넘어 두 번째 중국 유학길에 올랐다. 심양(선양)을 거쳐서 대련(다롄)에서 배를 타고 상해로 갔고 남경(난징)의 대학에 입학했다.

---

171 김산·님 웨일즈, 송영인 역, 2020, 『아리랑』, 동녘, 133쪽.
172 김종훈, 2020, 『약산로드 7000km』, 필로소픽, 92-96쪽.

다시 『아리랑』이다. 10년 뒤인 1929년 여름 김산은 북경(베이징)에서 만주로 향했다. 1930년 전후 겨울 한 달가량 압록강변의 안동(단둥)에 머물다 북경으로 돌아갔다. 1930년 말 그곳에서 체포되었다. 천진(톈진)의 일본영사관, 대련, 안동 다음으로 그는 1931년 초 압록강을 넘어 신의주로 압송되었다.

그가 거쳐 간 대련 수상경찰서는 약 1년 반 뒤인 1932년 가을 이회영의 마지막 삶과 맞닿는 장소다. 두 사람의 연결 고리는 신흥무관학교의 씨앗과 열매다. 그리고 일본 세상인 대련 바닷가다. 김산은 압록강을 건너던 순간을 생생히 기억한다.

> 작은 배로 다롄으로 압송되어 다롄 수상경찰서에서 하룻밤을 지냈다. [...] 남만주철도 3등 열차를 타고 조선 국경에 있는 안둥까지 갔다. [...] 왜놈 병사 몇 놈이 나를 오토바이에 태워 압록강을 건넜다. 날씨가 엄청나게 추웠고 눈보라가 무섭도록 불어 닥쳤다. 두 귀가 얼었다. 꽁꽁 묶여 있어서 귀를 보호할 수가 없었던 것이다.[173]

김산의 선택은 아니었다. 오토바이로 겨울 강을 건넜다. 이 대목을 몇 번을 읽고 또 읽었다. 이 비극을 압록강 다리 위의 명장면으로 기억하고 싶다. 그는 만주에서 신의주 감옥으로 이송된 이들을 언급했다.

---

173 김산·님 웨일즈, 송영인 역, 2020, 『아리랑』, 동녘, 368쪽.

시기는 1930년대 전후다. 일제강점기 압록강이 품었던 약 20년에 걸친 넘나들기의 한 단면이다.

> 감옥에는 1,000명 이상이 수용되어 있었다. 대부분이 만주에서 활동하던 유격대원이었다. [...] 내 뒤에서 문이 쾅하고 닫히자마자 방 안에 있던 사람들이 기다렸다는 듯이 덤벼들더니 만주에서 왔느냐고 물었다. 베이징에서 왔다고 하니까 한 시간 동안은 아무도 말을 거는 사람이 없었다. 만주가 조선인 활동의 중심이었던 것이다.[174]

"베이징에서 왔다."라는 김산의 말에 반응한 투옥된 이들의 사례에서 무엇을 기억해야 할까? "만주가 조선인 활동의 중심"에 담긴 역사는 무엇일까? 그가 일본에 의해 타의로 압록강을 건넜던 이들을 알아가야 한다는 문제의식을 던진다. 1930년대 만주의 늪으로 한 걸음 들어가는 느낌이다.

김산은 증거 불충분으로 풀려났다. 이렇게 10대 중반 건넜던 압록강을 20대 중반 다시 넘어 향한 곳은 북경이다. 그를 밀정으로 의심하는 이들이 기다렸다. 그의 압록강 넘나들기는 여기서 끝이 아니다.

2년 뒤 1933년 봄 그는 중국에서 또 잡혔다. 신의주에서 "조사를 받았지만 결국 석방되었다."[175] 이후 압록강을 건넜다는 구체적인 서술은

---

174 김산·님 웨일즈, 송영인 역, 2020, 『아리랑』, 동녘, 371~372쪽.

『아리랑』에 없다. 1934년 "1월이 되자 [...] 중국으로 떠났다. 다롄행 기차"라는 구절을 통해 압록강을 넘어 기차에 올랐음을 짐작할 뿐이다. 압록강을 넘던 그때 그는 약 4년 후인 1938년 일본 간첩이라는 누명으로 중국에서 처형될 운명을 알았을까? 단지 미국 작가 님 웨일즈가 쓴 『아리랑』엔 30대 초반 김산의 고민이 배어 있다.

> 물은 사람을 빠뜨려 죽이기도 하고 구해 주기도 한다. 오늘날 인간 사회는 고요한 마을 연못이 아니라 성난 홍수이다. 사람은 반드시 헤엄치는 법을 배워야만 한다. 14살 때부터 지금 순간에 이르기까지 나는 결코 물에서 떠나 본 적이 없다. 나는 몇 차례나 스스로를 포기하였다. 하지만 아직도 파괴되지 않았다.[176]

여기에서 "물"이 흐르는 지역은 어디일까? 김산의 고향은 신의주 인근 용천이다. 압록강은 그가 발로 걷고 몸으로 겪은 경험을 전하며 흐른다. 배경 노래로 아리랑이 깔린다.

---

175 김산·님 웨일즈, 송영인 역, 2020, 『아리랑』, 동녘, 437쪽.
176 김산·님 웨일즈, 송영인 역, 2020, 『아리랑』, 동녘, 465쪽.

4장

1930년대 전후 일본과 한반도와 만주

만주를 거쳐 유럽으로 간 손기정과 나혜석

한국 사회는 한반도와 대륙을 연결하는 꿈을 꾼다. 구체적으로 부산 혹은 서울발 유럽행 기차다. 이때 단골로 이야기되는 이가 있다. 압록강 다리를 언급하는 글에도 등장한다. 손기정이다.

이회영이 압록강을 건넌 이듬해인 1912년에 손기정이 태어났다. 고향은 신의주다. 10대 후반의 그는 중국 안동(단둥)의 한 회사에 취직했다. 신의주–압록강 다리–안동의 길을 달리며 출퇴근한 일화가 마라톤 실력의 밑거름으로 꼽힌다.

자서전엔 강변과 다리 위를 오간 사례로 가득하다. 달리기 장면뿐 아니라 압록강 풍경, 강을 사이에 둔 신의주와 안동의 교류 등을 읽을 수 있다. 시절은 1920년대 전후다.

손기정이 경험한 압록강 넘나들기는 이렇다. "신의주와 안둥 사이의 검문도 대단치 않았을뿐더러 한겨울 얼어붙은 압록강 위를 사람들은 자유롭게 왕래할 수 있었다. 어떤 때에는 전보 배달을 다녔다. [...] 신의주는 한겨울 추위로 압록강이 얼어붙기만 하면 독립군이 출몰해 뒤숭숭했다." 등이다.[177] 회상은 계속된다.

아름드리 원목들이 이리저리 엮인 뗏목은 앞과 뒤를 한눈에 볼 수 없을 만큼 길게 뻗쳤고, 그 위에 서서 뽑아대는 어른들의 목청은 무슨 소리인지 잘 분간할 수는 없었으나 압록강 양안에 메아리쳐 울리곤 했다. [...] 압록강 하구에서 줄지어 올라오는 중국 사람들의 집배는 장관이었다. 좁다란 배 한가운데에 지붕을 덮어 물 위에 둥둥 떠서 세수도 하고 밥도 짓고 빨래도 하며 사는 것이었다. 이 압록강 둑에서, 그리고 압록강을 가로지른 철교 위에서 나의 마라톤은 시작되었다. [...] 만주 안둥과 신의주가 대결하는 안의安義 육상대항 경기에도 나갔다. [...] 신의주를 출발해 압록강 다리를 거쳐 안둥까지 가는 길은 거의 매일 같이 달리는 나의 연습 코스였다. [...] 신의주에서부터 의주군의 압록강변에 있는 통군정까지

---

177 손기정, 2022, 『나의 조국 나의 마라톤』, 휴머니스트, 28~36쪽.

뛰어보기로 했다.[178]

손기정이 기억하는 압록강엔 군인과 경비보다 일상의 삶이 묻어난다. 그런데 비슷한 내용을 다른 글에서 읽었다. 시기도 비슷하다. 1909년 간도협약과 1910년 한일병합 이후다. 김구, 이미륵, 김산이 손기정 고향인 압록강 하류를 건넜던 1919년 무렵이다. 1936년 베를린 올림픽에 참가하는 손기정 여정을 따라갔다.

청년은 시모노세키항에서 배를 타고 부산항에 도착한 뒤에 열차를 타고 베를린으로 들어갔습니다. [...] 적어도 그 시절 한국인의 마음속 지도는 한없이 위로 뻗어나가 있었던 것이죠.[179]

위 인용문엔 생략되어 있지만 그는 고향 신의주를 지나 압록강을 건너 안동에 다다랐다. 이어 하얼빈으로 향했다. 만주를 가로질러 시베리아 횡단철도와 만난 후 모스크바를 거쳐 베를린에 도달한 장거리 기찻길이었다. 올림픽을 마친 뒤 귀국은 중국 상해(상하이)에서 일본까지는 배, 1936년 10월 비행기를 타고 울산을 거쳐 여의도 비행장에 내렸다.

---

178 손기정, 2022, 『나의 조국 나의 마라톤』, 휴머니스트, 20~39쪽.
179 《JTBC 뉴스룸》 2018년 6월 4일 자, "[앵커브리핑] 달렸다. 손기정은"

손기정에 앞서 한반도에서 유럽까지 기차로 간 이들이 있다. 그중엔 일본 대학을 졸업한 최초의 여성 서양화가 나혜석도 있다. 그녀는 1896년에 태어났다. 남편의 일본 외무성 포상 덕분에 30대 초반 세계 여행을 떠났다. 한반도에 사는 이들에게 화제였던 모양이다. 이를 취재한《조선일보》의 1927년 6월 기사다.

> 22일 밤 10시 5분 차로 경성역을 떠나 1년 반 동안 세계를 일주할 예정으로 [...] 시베리아를 횡단하여 먼저 [...] 적색 러시아를 거쳐 장차 영국, 독일, 이탈리아[180]

압록강 넘나들기는 만주인 안동에 거주한 경험이 있던 나혜석에게 일상이었다. 경성발 기차로 약 12시간을 달려 압록강을 건넜다. 안동에서 며칠을 지내다가 배를 탔다. 국경을 넘기 위해서가 아니었다. 말 그대로 뱃놀이다.

> 증기선을 타고 압록강 위에서 오전을 보내게 되었다. [...] 강 남쪽은 조선이요, 북쪽은 중국인 인연 깊은 압록강에 다시 뜨게 되니 감개무량하였다.[181]

---

180 나혜석, 2018, 『조선 여성 첫 세계 일주기』, 가갸날, 14쪽.
181 나혜석, 2018, 『조선 여성 첫 세계 일주기』, 가갸날, 15~16쪽.

1930년대 전후 나혜석과 손기정은 부산과 압록강과 만주를 거쳐 유럽으로 갔다. 1911년 11월부터 압록강 다리는 한반도와 만주뿐 아니라 유럽도 잇는 통로였다. 이뿐만이 아니다. 나혜석의 여행 동기와 배경은 앞에서 언급한 대로 일본이다. 손기정은 일본에서 출발했다. 1930년대 한반도는 일본, 만주, 유럽과 어떻게 연결되어 있었을까?

> 1930년대에 조선 반도는 [...] 만철이 러시아의 모스크바와 블라디보스토크를 잇는 시베리아 횡단 열차와 연결되면서 유럽행 기차표를 도쿄, 오사카, 부산, 평양, 다롄 등지에서 구입할 수 있었다. 부산에서 파리까지는 약 14일이 걸렸다.[182]

이 기찻길은 한반도의 경부선과 경의선 그리고 압록강으로 이어지는 한 축만을 보여 준다. 1930년대 전후 두만강에서 일본과 한반도와 만주를 연결하는 공사가 진행되었다. 일본에서 출발한 배들이 부산과 청진에 정박했다. 1932년 당시 어떤 승객들이 만주와 한반도를 달리는 기차에 탔을까?

> 일본의 각 대학, 전문대학, 중등학교 생도들도 하기휴가를 이용해 신흥 만주국 견학을 줄지어 떠났다. 1932년 7월에 견학하기로 확

---

182 한석정, 2022, 『만주모던』, 문학과 지성사, 78쪽.

정한 학교만 30개, 인원으로는 약 1,600명이었다. 각지의 만몽시찰 단원은 그해 여름 1만 명에 다다랐다.[183]

1934년 신문엔 "조반을 부산에서, 석반을 안둥에서"[184] 라는 문구가 실렸다. 기차엔 일본군과 일본 화류계 그리고 다른 승객들이 함께 있었다. 다음 첫 문장은 1934년 10월의 신문 내용이다.

경남 진영의 이재민 52호가 밤 열차로 떠나는 것을 보도했다. [...] 1937년 2월 한 달 동안 1,800명, 하루 평균 65명이 만주로 떠났다. 만주행 엑소더스가 영남에서 시작된 것이다. 조선총독부는 1937년 봄에 강원도 일대의 이재민들도 본격적으로 만주로 이주시켰다. 이들을 수송하느라 객차가 부족한 지경에 이르렀다. [...] 이때 이주 허가를 받지 않은 주민들이 가재도구를 들고 대구역으로 몰려가 혼잡을 빚기도 했다.[185]

이는 손기정 선수가 베를린으로 향하던 1936년 전후의 한반도 기차역 풍경이다. 일제강점기 초기와 달리 두만강과 압록강을 넘나드는 사

---

183 한석정, 2022, 『만주모던』, 문학과 지성사, 81쪽.

184 한석정, 2022, 『만주모던』, 문학과 지성사, 89쪽.

185 한석정, 2022, 『만주모던』, 문학과 지성사, 100~101쪽.

연은 한층 다양해졌다. 나혜석과 손기정도 그중의 한 사람이었다.

그 기차표를 끊은 승객은 얼마나 될까? 1930년대 한반도에서 만주로 건너간 이들이 약 70만 명이다. 그들 모두가 기차로 이동하진 않았겠지만 북적이는 객실 안을 짐작할 수 있다. 올림픽과 세계 여행과 이런저런 이주의 꿈을 품은 이들이 탑승했다. 참 만주를 고향으로 둔 문익환과 송몽규와 윤동주는 만주발 한반도행 기차의 승객이었다.

압록강에서 어린 시절을 보낸
김준엽과 장준하의 선택

간도를 거닐며 나는 마음속으로 누군가에게 일방적인 말 걸기를 한다. 때론 부칠 수 없는 편지를 남긴다. 상대는 당연히 단둥 그리고 압록강과 관련되어 있다. 그중 한 사람이 리영희다. 1929년에 태어난 그는 삭주군 대관동에서 십 년 남짓 어린 시절을 보냈다. 고향은 아니었지만 1940년 전후 10대 중반까지 압록강과 더불어 성장하였다.

더 있다. 그들의 고향은 압록강변이다. 한 사람은 1923년에 태어난 김준엽이다. 그의 책에서 "평안도의 북단, 그리고 압록강에 가까운 강계에서 태어났고 보통학교는 압록강에 더욱 접근한 시중에서 다녔고, 고등보통학교는 바로 압록강가에 있는 신의주고보에 다녔다."[186]라고 언급했다. 압록강이 자신의 인생과 뗄 수 없는 지리 환경이었다는 그의 회고다.

> 1927년에 시중으로 이사한 다음에 우리 집에 군자금을 얻으려고 드나들던 독립군의 공작원이나 독립군과 일본군과의 사이에 벌어진 전쟁에서 터져 나오는 대포 소리는 내가 직접 보고 또 들은 일들이다. [...] 시중時中에서 50리밖에 떨어지지 않는 만포진 대안의 남만주를 근거지로 하여 일군과 싸우고 진격한 독립군은 [...] 1923년부터는 참의부의 독립군이었고, 1929년부터는 국민부의 조선혁명군이었다.[187]

이는 김준엽이 기억하는 1930년대 전후의 압록강 상황이다. 그는 1935년부터 신의주에서 10대 중반의 학창 시절을 보냈다. 중일전쟁 전후다. 철교를 건너 만주로 "마음대로 내왕할 수가 있어서 일요일이면 셋째 형님과 함께 안동에 여러 차례"[188] 갔다.

1943년 일본 유학 중 돌아왔고 그해 11월 일본군 입대 지원서를 냈다. 1944년 2월 그를 포함한 학병들을 태운 기차가 평양역을 출발해 압록강을 통과할 때 "캄캄한 밤"[189]이었다. 한 달 남짓 지난 3월 20대

---

186 김준엽, 2017, 『장정 1』, 나남, 74~75쪽.

187 김준엽, 2017, 『장정 1』, 나남, 87~88쪽.

188 김준엽, 2017, 『장정 1』, 나남, 95쪽.

초반의 그는 탈영했다. 1949년 귀국 뒤 회고록『장정』을 남겼다.

1945년 광복 직전 똑같은 인생의 길을 선택한 이가 있다. 1918년에 의주에서 태어난 장준하다. 1920년 삭주 청계동으로 이사했다. 리영희가 다닌 대관유치원은 장준하 아버지가 세웠다. 1941년 일본 유학을 떠났던 장준하는 1943년 11월 학업을 중단하고 고향으로 돌아왔다.

그는 1944년 1월 평양에서 일본군에 입대했다. 그해 3월 압록강을 기차로 건너 중국 내륙에 도착했다. 7월 부대를 탈출한 그는 1945년 1월 광복군에 합류했다. 광복 후인 11월 상해(상하이)에서 비행기를 타고 바다를 건너 여의도를 밟았다. 그의 회고록은『돌베개』다.

장준하를 생각할 때마다 그의 동년배를 떠올린다. 1917년 9월과 1918년 8월 사이 송몽규, 박정희, 정일권, 윤동주, 문익환, 장준하가 차례로 세상에 나왔다. 박정희는 경상북도 구미, 송몽규와 윤동주와 문익환은 북간도 용정(룽징), 정일권은 연해주 우수리스크, 장준하는 평안북도 의주가 고향이다.

윤동주 사촌 송몽규는 대성중학교를 졸업하기 전 일본 경찰에 체포되어 감옥에 간 이력이 있다. 윤동주와 문익환은 만주 용정의 광명중학교 출신이며 정일권이 선배다. 그는 박정희와 함께 만주 신경(장춘)에서 군 생활을 했다. 광복 후 한국에서 문익환과 장준하는 동지였다. 그들은 만주의 선택이 달랐던 박정희와는 관계가 원만하지 않았다.

---

189 김준엽, 2017,『장정 1』나남, 122쪽.

1937년 중일전쟁의 서막과 함께 20대를 맞이한 그들 앞엔 1938년 4월 육군특별지원병령, 1943년 10월 학도지원병제, 1944년 징병제도 등[190]이 기다리고 있었다. 그들 인생의 공통점은 1940년대 전후 일본 유학을 경험했고 2026년 현재 한국 사회에 각자의 이름을 남겼다.

갈림길도 선명했다. 1945년 광복 전후 누구는 죽어 만주에 묻혔고 누구는 살아 만주를 떠났다. 일제강점기에도, 광복 후에도 만주와 한반도는 이어져 왔다.

---

190 김준엽, 2017, 『장정 1』, 나남, 58쪽.

1945년 광복 이후
두 강과 38선을 넘어

이회영과 문익환 가족:
소문 속 38선은 어디에

『황해문화』의 정근식 글은 1945년 9월부터 1947년 4월까지의 38선 상황을 다룬다. "38선의 가시화는 처음에는 주요 통행로의 도로 차단기 설치와 함께 경비초소였다. [...] 주요 교통로 83개소에 나무표지판을 설치하였고, 또한 이북 1킬로미터 이내의 마을 66개, 이남 1킬로미터 이내의 마을 63개, 총 129개 마을에서 표지판을 설치하였다."[191] 나는 『휴전선엔 철조망이 없다』의 「38신 나무표지판과 휴전선 말뚝」에서 이에 덧붙이는 사례를 달았다.

---

[191] 정근식, 2018, 「냉전·분단 경관과 평화」, 『황해문화 가을호 100』, 새얼문화재단, 157~158쪽.

한국전쟁 이전엔 친척 방문 혹은 장사를 목적으로 사람들이 남북을 오갔다. [...] 38선 이북의 학생들이 이남의 학교를 1년 안팎으로 다녔다는 일화도 읽은 적이 있다. [...] 김구 선생이 1948년 4월에 38선을 넘으면서 나무표지판을 배경 삼아 찍었던 사진을 본 기억도 난다.[192]

한국에선 38선과 휴전선을 구분하지 않거나 무심코 같은 의미로 쓰는 경우가 적지 않다. 분단 ○○년의 기준도 때론 38선, 때론 휴전선이다. 경기 북부 연천의 어느 마을에 가면 "저 집은 38선이 방으로 지나갔다."라는 말을 전설처럼 듣곤 했다. 어떤 이들의 생애를 읽다 보면 "월남했다." 또는 "38선을 넘었다."라는 식의 한 줄 표현은 많으나 구체적인 장면 묘사는 찾기 힘들다.

휴전선과 더불어 38선 넘나들기 사례 정리는 나의 끝내지 못한 과제였다. 더는 미룰 수 없었다. 1945년 광복 후 한국으로 돌아온 이들의 규모부터 찾았다.

3년 사이에 남한으로 유입된 인구는 통계에 따라 약간의 편차가 있지만 해외 귀환자와 한국전쟁 이전에 남하한 초기 월남민을 합해 약 250만~260만 명으로 추계하고 있다.[193]

---

192 강주원, 2022, 『휴전선엔 철조망이 없다』, 눌민, 47~48쪽.

이들은 일본, 중국 대륙, 만주, 태평양, 38선 이북 등지에서 출발했다.[194] 참고로 한반도에서 일본으론 "군인·군속·민간인을 모두 합해 약 60만 명의 일본인이 광복 후 돌아간 셈이다."[195] 다음으로 만주에서 한국으로 온 규모가 궁금했다. 이를 파악할 수 있는 자료를 읽었다.

약 200만 명의 조선인이 거류했다. [...] 약 80만 명이 [...] 한반도로 유입되었다고 보고 있다. [...] 1947년 말 현재 중국 대륙과 만주에서 유입된 자를 83만 9,816명으로 발표한 바 있다.[196]

위 통계의 "약 80만 명"이 두만강 혹은 압록강을 넘었지만 그렇다고 모두가 38선까지 넘은 것은 아니다. "83만 9,816명"은 중국 대륙과 만주에서 온 이들을 합친 수치다. 1947년 말이 아니고 1948년 5월 만주에서 중국 대륙을 거쳐서 바다를 건넌 사람들[197]도 있었다. 여전히 만주에서 두만강 또는 압록강을 건넌 뒤 38선도 넘은 인원을 정리해 놓은 자료는 찾지 못했다.

일단 광복 이후를 다룬 책에서 38선 단어가 나오면 집중했다. 이회

---

193 이연식, 2024, 『다시 조선으로』, 역사비평사, 69쪽.

194 이연식, 2024, 『다시 조선으로』, 역사비평사, 31쪽.

195 이연식, 2024, 『다시 조선으로』, 역사비평사, 69쪽.

196 이연식, 2024, 『다시 조선으로』, 역사비평사, 74쪽.

197 김준엽, 2017, 『장정 2』, 나남, 396쪽.

영의 압록강 넘나들기는 그가 세상을 떠난 해인 1932년에 멈추었다. 그러나 남겨진 가족의 여정은 계속되었다. 부인 이은숙은 중일전쟁 시기인 1940년 자녀들이 거주하던 신경(장춘)으로 갔다. 1945년엔 압록강을 건너 한반도로 돌아갈 채비를 했다. 1889년에 태어난 이은숙은 50대 중반이었다.

> 8월이라, 전쟁이 점점 급박하여 조선인은 모두 조선으로 피란 나오는 길이고 [...] 8월 14일 자정 [...] 날이 새자 기차는 봉천도 못 가고 철령 못미처 정거장에 도착한 후 다시는 움직일 생각도 안 하는데[198]

연달아 그녀가 쓴 『서간도 시종기』엔 광복 직후의 만주 상황이 펼쳐진다. 이회영 가족은 압록강을 넘지 않고 신경으로 돌아가 "피란민 명부"를 작성했다. 하지만 가족사로 귀국을 미루다 다음 해인 1946년 여름 압록강이 아닌 두만강을 건너기로 결심했다. 그녀가 걱정하며 준비한 것은 두만강의 국경 검문과 통과가 아니다. 만주에서 한반도 남쪽으로 갈 때 필요한 경비다.

> 돈은 세 가지 돈으로서 중앙군 돈, 붉은 군대 사령부 돈, 조선 돈,

---

198 이은숙, 2017, 『서간도 시종기』, 일조각, 301쪽.

이 세 나라 돈을 가져야 오다가 쓰게 되며.[199]

그녀는 만주 길림(지린)을 경유하던 중 한반도 남쪽인 서울로 가는 이들을 싫어하는 팔로군을 만났다. 피란민 단장의 재치로 위기를 피했고 마차로 이동했다. 만주에서의 마지막 여정은 기차를 탔고 죽은 딸의 시댁이 있는 용정(룽징)에 내렸다. 며칠을 묵고 두만강을 건넜다.

요행으로 소련 군대를 만나지 않고 두만강을 무사히 넘었는데 조선 땅을 밟으니 시원해지는 마음이다. 그곳은 금생이라는 곳.[200]

두만강을 넘고도 "피란민 명부"는 필요했다. 고향이 서울이라고 밝히면 "포살(잡아 죽임)" 당할 수 있다는 소문을 들었다. 사돈댁이 있는 황해도 해주로 간다고 둘러대며 상황을 넘겼다. 소가 끄는 마차로 회령까지 갔고 군대의 증명을 받은 후 기차로 청진까지 이동했다.

그곳에서 증명받는 데 한 달 정도가 걸렸다. 다섯 식구는 평양까지 기차에 몸을 실었다. 이은숙은 "공산 정부까지 있다니 조사가 더 세밀하겠다고 상상하였더니 오히려 그곳은 조사도 없었다."[201]고 회상했다. 다시 기차로 가다가 황해도 연안 전에 내렸다. 그들 앞엔 1946년의

---

199 이은숙, 2017, 『서간도 시종기』, 일조각, 323쪽.
200 이은숙, 2017, 『서간도 시종기』, 일조각, 323쪽.

38선이 기다렸다.

> 거둔 돈을 손에 들고 다가가니 노서아 사람이 말은 통치 못하는 고
> 로 손으로 "경계선을 넘어가라"는 것 같거늘 그 모양을 보고 일시
> 에 넘으니 어찌나 시원한지. 나는 생각에 경계선 넘기가 하도 어렵
> 다고 하고 [...] 그 중간에 조사가 더 심하고, 청년들 가기가 위험할
> 줄로 알았다.[202]

이처럼 일행은 38선에서 혹시 마주칠 군인에게 줄 돈을 모아 두었
다. 그런데 소문으로 걱정한 것과는 다른 장면을 만났다. 그녀가 남긴
한 줄의 문장이다. "발 하나는 남에 있고 하나는 북에서 넘으니 얼마나
시원 상쾌하리오."[203]

1932년 만주에서 남편 이회영의 유골함이 도착하기 전 장단에 눈이
왔었다. 1946년 딸의 유골함을 안고 그녀가 경계선인 38선을 막 넘자
마자 빗방울이 떨어졌다. 1911년부터 이어진 이회영 가족의 두만강과
압록강 넘나들기 여정은 이렇게 막을 내렸다.

그들과 닮은꼴의 여정을 밟은 이들이 더 있다. 문익환 가족이다. 그

---

201 이은숙, 2017, 『서간도 시종기』, 일조각, 325쪽.

202 이은숙, 2017, 『서간도 시종기』, 일조각, 337쪽.

203 이은숙, 2017, 『서간도 시종기』, 일조각, 337쪽.

들의 길은 두 갈래였다. 1945년 광복 직후 문익환 아버지는 혼자 서울에 갔다가 만주 용정으로 돌아왔다. 이듬해 6월 온 가족이 두만강을 건너 한반도 남쪽으로 향했다.

명동에 와서 일박하면서 선산을 찾아가 선조들에게 인사한 후 다시 도보로 회령에 와서 기차를 타고 원산으로 왔다.[204]

"도보"라는 단어만이 문익환 가족의 두만강 넘기 장면을 상상할 수 있는 단서다. 한반도 회령에서 그들은 이회영 가족처럼 기차를 탔다. 당시 문익환의 직계 가족은 신경에 거주했다. 이번엔 광복 후 1년이 지난 1946년 8월이다. 20대 후반인 문익환은 압록강을 넘기로 결심했다.

5백 명에 이르는 대규모 피난민 [...] 기차로 봉천까지 닿았으나 그다음부터는 기차조차 끊겨서 요동 6백 리 길을 도보로 걸었다. [...] 소련군을 피하느라 새벽어둠을 기해 당도한 38선에서 칠흑처럼 캄캄한 밤에 낙오자 점검을 하는 데, 하필 남북의 경계 지점을 넘는 그 결정적인 순간에 아내 박용길이 없어서 난리가 일어나기도 했다. 한참 만에 찾아보니 박용길은 배가 고파서 38선을 걸치고 앉아 도시락을 먹고 있었다.[205]

---

204 김형수, 2004, 『문익환 평전』, 실천문학, 238쪽.

『문익환 평전』 연보엔 "걸어서 신의주, 사리원, 개성을 거쳐 서울에 도착함"이라고 기록되어 있다. 그들은 봉천(심양)에서 출발해 압록강을 지나 38선까지 약 775킬로미터를 걸었다. 위 인용문에서 눈에 들어온 문장은 "배가 고파서 38선을 걸치고 앉아 도시락을 먹고 있었다."이다.

한편 문익환 생애에서 압록강 넘나들기의 경험은 여기서 끝나지 않았다. 1951년 늦가을부터 정전회담의 통역원 역할[206]을 하며 휴전선이 형성되는 과정을 목격했던 그다. 70대 초반인 1989년 시 「잠꼬대 아닌 잠꼬대」를 남겼다.

> 난 올해 안으로 평양으로 갈 거야 [...] 이 땅에서 오늘 역사를 산다는 건 말이야 / 온몸으로 분단을 거부하는 일이라고 / 휴전선은 없다 소리치는 일이라고

그해 그는 평양 땅을 밟았다. 휴전선을 넘지 않았다. 중국 항공편으로 만주 심양과 단둥을 거쳐 한반도 북쪽으로 갔다. 이때 "나는 압록강을 국경이라고 생각해 본 적이 없어요."[207]라는 말을 남겼다. 그에게 압록강은 그런 강이었다. 다만 다시 그 강을 마주하기까지는 약 43년의 세월이 흘렀다.

---

205 김형수, 2004, 『문익환 평전』, 실천문학, 246~247쪽.
206 김형수, 2004, 『문익환 평전』, 실천문학, 303쪽.

과거 경험과 비교하면 교통편이 달랐다. 예전엔 압록강을 기차 또는 도보로 넘었다면 이번엔 비행기에서 압록강을 내려다보며 건넜다. 같은 시기 황석영이 선택한 방법이기도 하다. 두 사람의 공통점이 있다.

둘 다 광복 이후에 압록강과 38선을 차례로 넘었다. 다만 1943년에 신경(장춘)에서 태어난 황석영은 압록강 도강 후 3년 남짓 평양에 머물렀다. 1948년에서야 가족이 38선을 넘었다. 그런 문익환과 황석영이 1989년 압록강을 다시 만났다.

두만강과 압록강과 38선을 들여다보면 한국전쟁 이전 만주에서 출발해 38선을 넘어 남하하는 흐름, 그러니까 일방통행만 있던 것은 아니다. 한국 사회가 월북자라고 부르는, 38선을 넘어 북한으로 간 이들이 존재한다. 그런데 38선뿐 아니라 두 강을 건너 만주로 간 사람들도 있었다.

1946년 3월 봄이 되자 개성역 주막에는 다시 북한이나 만주로 떠나가는 사람들로 가득했다. [...] 그들의 반수 이상이 전란의 만주에서 탈출한 지 약 4개월 남짓한 이민들이다.[208]

내가 미처 생각지 못한 사례다. 새로운 연구 주제이자 화두가 생겼

---

207 김형수, 2004, 『문익환 평전』, 실천문학, 709쪽.
208 이연식, 2024, 『다시 조선으로』, 역사비평사, 74쪽.

다. 한국 사회에 쌓여온 단절과 분단의 38선 그리고 실제로 넘나들었
던 이들의 38선 사이의 간격과 여백은 무엇일까?

광복 이후에도 두만강과 압록강은 넘나드는 경계였다. 그 경로엔
38선도 포함되곤 했다. 약 5년 동안 존재했던 그 선은 만주와 한반도
남쪽을 잇는 길을 막지 않을 때도 있었다. 나는 38선과 분단이란 단
어를 꺼낼 때마다 묻는다. 문익환이 말한 "역사를 산다는 것"은 무엇
인가!

윤동주와 백석의 시가
한국에 온 배경

1945년 광복 이후 윤동주 시가 한국에 다가온
여정을 되짚어 본다. 다음은 1948년 그의 유고 시집이 나오게 된 것과
시가 19편이 아니고 116편으로 늘어난 배경이다. 이 이야기의 주연은
후배 정병욱과 윤동주 동생들이다. 주연에 버금가는 조연은 마루와 두
만강과 38선이다.

줄거리를 요약하면 이렇다. 후배 정병욱이 고향 집 마루 밑에 윤동
주 시를 숨겨 두지 않았다면 사람들은 그의 19편 시를 읽지 못했다.
1946년 6월 두만강과 38선을 넘은 윤동주 남동생이 형의 친구들을 찾
아다닌 끝에 1948년 1월『하늘과 바람과 별과 시』초판본이 나왔다.[209]

윤동주 시는 유고 시집에 실린 것이 전부가 아니다. 현재 읽히고 있

는 작품은 116편이다. 광복 3년 뒤인 1948년 12월 여동생은 두만강과 38선을 넘었다. 덕분에 그녀가 만주에서 가져온 "대학 노트 3권"[210]에 담긴 윤동주의 원고가 한국에서 빛을 볼 수 있었다.

또 하나의 시가 한국 사회에 전해지기 전 압록강과 38선을 넘어왔다. 그 시의 주인은 백석이다. 1942년 전후부터 그는 안동(단둥)에 거주했다. 1945년 무렵엔 신의주에 방을 얻어 머물렀다.[211] 1948년 10월 발표된 「남신의주 유동 박시봉방」의 앞부분이다.

> 어느 사이에 나는 아내도 없고, 또, / 아내와 같이 살던 집도 없어지고, / 그리고 살뜰한 부모며 동생들과도 멀리 떨어져서, / 그 어느 바람 세인 쓸쓸한 거리 끝에 헤매이었다.[212]

이는 한국에서 발표된 백석의 마지막 시다. 그런데 그는 그때 북한에 있었다. 그렇다면 이 작품은 어떻게 38선을 건너 서울에 전해질 수 있었을까? 안도현은 인편이나 남북 우편물 교환[213] 등의 가능성을 제시하며 백석의 인생 후반부를 기록하였다.

---

209 김태빈, 2021, 『동주, 걷다』 레드우드, 208~209쪽.

210 《오마이뉴스》 2007년 2월 28일 자, "윤동주 육필 원고 갖고 월남한 여동생"

211 안도현, 2022, 『백석 평전』 다산북스, 2쪽.

212 안도현, 2022, 『백석 평전』 다산북스, 310쪽.

213 안도현, 2022, 『백석 평전』 다산북스, 312~313쪽.

1962년 북한의 문단에서 사라진 이후 1996년 작고할 때까지의 30년이 넘는 시간, 즉 삼수군 협동 농장에서 농사꾼으로 살다 간 백석의 시계는 오늘날까지 정지되어 있다. 이에 대한 탐구는 한반도에 드리워진 분단의 그림자를 거두려는 노력과 함께 차후의 과제로 남겨두어야 한다.[214]

나는 "분단의 그림자를 거두려는 노력"에 무엇을 보탤 수 있을지 고민했다. 중·고등학교 문학 수업 시간, 교사가 윤동주의 「나의 습작기의 시 아닌 시」와 백석의 「남신의주 유동 박시봉방」을 가르치며 한마디만 덧붙여도 분단의 그림자가 조금씩 옅어지지 않을까? 별것 아니다. "그들의 시는 두만강과 압록강 그리고 38선도 넘어올 수 있었던 시절에 한국 사회 곁으로 왔다."

강연이나 사석에서 휴전선엔 철조망이 없다는 이야기를 해왔다. 여기에 또 하나, 윤동주와 백석의 시는 38선을 넘어왔다는 사실을 보탤 계획이다. 사람들의 반응이 궁금하다. 나는 한국 사회에 두만강과 압록강과 38선과 휴전선에 대해 누구나 아는 상식만을 말하는 인류학자가 되는 날을 희망한다.

---

214 안도현, 2022, 『백석 평전』, 다산북스, 9쪽.

만주와
한반도의
길을 묻다

1장

알고 떠나면
다르게 보이기도

국경선이 없는 북한과 중국의
두만강과 압록강

압록강 길이는 측정하는 나라마다 다르다. 북한은 803킬로미터, 중국은 795킬로미터, 한국은 790킬로미터로 잰다. 한국 기준에 따라 두만강 521킬로미터와 압록강 790킬로미터를 합하면 1,311킬로미터다.

이 길이의 두 강이 만주와 한반도 전체를 가른다고 알려져 있다. 그러나 백두산에서 두만강과 압록강 발원지는 서로 떨어져 있다. 그 사이 육지로 이어진 구간은 계산에서 빠졌다. 만주와 한반도가 맞닿은 전체 길이는 이 지역까지 고려해야 한다.

달리 말해 2026년 현재 연해주를 포함한 만주와 한반도의 경계는 중·조와 북·러 국경이다. 이를 합하면 만주와 한반도를 가르는 총길이다. 즉 압록강 790킬로미터, 압록강 발원지와 백두산 천지와 두만강 발원지를 잇는 중·조 국경 45킬로미터, 북·러 국경인 두만강 하류의 17킬로미터를 포함한 두만강 521킬로미터를 더하면 된다. 그렇게 산출된 총길이는 1,356킬로미터다.

이 길이를 무엇과 비교할까? 부산과 서울의 도로 거리는 477킬로미터다. 한반도 최북단 온성군과 최남단 해남군의 직선거리는 1,014킬로미터다. 휴전선은 248킬로미터다. 꼬불꼬불 흐르는 물줄기가 대부분이지만 1,356킬로미터인 한반도 북쪽의 가로가 길고도 멀다. 한편 두만강과 압록강은 중·조와 북·러 국경에 따라 특징이 다르다.

(중·조) 국경 조약은 교량의 경우만 국제관례에 따라 교량 중앙선을 국경으로 삼았을 뿐 [...] (두만강과 압록강에) 경계를 긋지 않고 전체를 경계로 삼아 공동 관리, 공동 사용 [...] 북한과 러시아는 (두만강의) 중앙선을 국경으로 삼아왔다.[215]

이를 자세히 언급하면 북한과 중국 사이의 두만강과 압록강엔 경계선이 없다. 대신 강폭 전체를 하나의 경계면으로 삼는다. 두 강의 공유물길이 만주와 한반도를 연결한다. 반면 러시아와 북한은 17킬로미터

---

215 이종석, 2017, 『북한–중국 국경: 역사와 현장』, 세종연구소, 92쪽.

두만강과 압록강엔 국경선 대신 공유·공생·공존하는 국경면이 펼쳐진다. 그곳엔 빨래와 낚시, 수영과 산책 같은 일상이 흐른다. 어부와 고깃배가 물줄기를 채운다. 강변엔 소가 있고 철조망은 경계와 경비가 아니다. 곳곳에 강변으로 가는 길이 있다. (2023년 8월, 2023년 10월, 2015년 7월, 2015년 7월, 2013년 2월, 2014년 2월, 2025년 7월)

에 이르는 두만강 하류를 공유하지 않는다. 그곳의 강 중앙은 북한과 러시아 그리고 만주와 한반도를 구분하는 경계선이다.

이를 국경면과 국경선으로 들여다보면 중·조 국경엔 국경면과 국경선이 있다. 두만강과 압록강은 국경면이다. 백두산 천지를 중심으로 두 강의 발원지 사이엔 45킬로미터의 국경선이 지나간다. 북한과 러시아가 맞닿은 두만강 하류 17킬로미터엔 강 중앙이 국경선이다.

하지만 한국 사회에서 두만강과 압록강의 국경이 국경면이며 이를 공유한다는 사실이 낯설다. 비록 공식적인 국경이 아니나 국경을 떠올릴 때 낳은 이들이 휴전선, 그 선을 생각한다. 거기에다 국경은 곧 국경선으로 이해하는 경향이 있다. 이런 영향으로 국경을 면으로도 인식하는 것, 그게 쉽지 않다.

이 같은 인식이 두만강과 압록강을 찾는 한국 사람의 시선에도 이어진다. 그들은 가느다란 선의 국경이 두만강과 압록강의 한복판을 지나가고 있다고 여기며 두 강을 바라본다. 여행을 다니며 참고하는 책과 지도 역시 두 강 중앙에 국경선을 그어 놓았다. 그런데 앞서 살펴본 바와 같이 이는 사실과 다르다.

2006년 전후 철조망이 두만강과 압록강 일대에 세워지기 시작했다. 그렇다 해서 강변 주민들의 삶이 달라진 건 아니다. 두 강의 철조망은 경계보다 넘나들 수 있는 울타리 성격이 기본이다. 예를 들어 두 강의 국경면 범위는 유동적이다. 이유는 간단하다. 가뭄과 홍수에 따라 강폭이 달라지기 때문이다. 따라서 철조망은 여기까지가 북한 혹은 중국 땅임을 참고로 한반도의 남방한계선 철조망은 남북 경계의 상징이 아니다. 경비가 목적이다.

한국 사회는 휴전선에 철조망이 놓여 있다고 착각한다. 또한 두만강과 압록강엔 국경선도 없는데, 단절의 철조망도 아닌데 휴전선의 이미지로 두 강을 바라본다. 이런 잘못된 인식을 바로잡는 노력이 만주와 한반도 평화, 그 길을 찾아가는 여정이다. 그 물줄기를 아는 만큼 공유·공생·공존하는 두 강의 본디 그대로의 모습이 다가온다.

한국 사회엔 단절과 분단의 강이지만

처음 두만강과 압록강을 마주한 한국 사람이

무심코 하는 말은 비슷하다. 인터넷 여행 후기를 읽어도 마찬가지다. "저 강을 넘어갈 수 없다는 사실이 슬프다." 또는 "북한에 가고 싶은데 못 가다니!" 등이다.

한국 국적의 그들에겐 단절과 분단의 두만강과 압록강이다. 휴전선처럼 넘을 수 없는 국경일 뿐, 그 이상도 이하도 아니다. 이는 사실일까? 2000년부터 참여관찰을 해 온 나의 기록은 다른 이야기를 들려준다. 한국 사람도 해당되는 두 강의 모습이다.

> 단둥과 신의주 사람들은 압록강, 물안개 그리고 해와 달만을 공유하지 않는다. 그들은 국경의 삶을 공유하고 있다.[216]

> 남북 교류와 만남의 또 다른 길이다. [...] 사람들만 걷지 않았다. 남북의 물류가 흐르는 길이다. [...] 한국 사회가 휴전선에 서 있는 동안, 남북을 연결하는 압록강은 계속 흐른다.[217]

위 인용문은 2013년과 2019년의 기록이다. 조금은 엉뚱한 질문이다. 과연 일제강점기엔 군인이 두 강의 전 구간을 틈 없이 엄중하게 지킬 수 있었을까? 휴전선은 248킬로미터다. 두 강의 길이는 휴전선의

---

216 강주원, 2013, 『나는 오늘도 국경을 만들고 허문다』, 글항아리, 25쪽.
217 강주원, 2019, 『압록강은 휴전선 너머 흐른다』, 눌민, 24쪽.

상류엔 두 발로 북한과 중국을 여행한다는 문구, 하류엔 한 걸음이면 넘나들 수 있다는 지형을 뜻하는 단어 등이 압록강 넘나들기 특징을 말한다. 단둥과 신의주의 압록강은 1992년 한중 수교 전후부터 서울과 평양을 잇는 고리다. (2018년 10월, 2007년 5월, 2007년 3월)

약 5배가 넘는다. 다음은 2000년 여름 두만강변에 함께 서 있던 이가 들려준 삶이다. 만주국 시대인 1940년에 태어난 그는 두만강 곁의 중국 마을을 평생 지켰다.

여기 양쪽 강변의 사람들이 사는 모습이 궁금하시면 눈이 내린 다음 날 강에 나가 보세요. 얼어 있는 두만강 위로 발자국이 어디로 향하고 있는지 어떻게 얽혀 있는지를 보면 말이 필요 없죠!

이야기가 끝나기도 전에 현실의 두만강이 다가왔다. 나는 책에 없던 내용을 현장의 목소리로 들었다. 한국 사회에 살며 상상하지 못했던 국경 지역의 그림이 그려졌다.

다양한 이들이 각자의 사연을 품고 두만강과 압록강으로 향했다. 1992년 한·중 수교 전후부터 한반도 남쪽의 사람들도 그 길을 찾기 시작했다. 그들과 함께 북한 사람, 북한 화교, 조선족이 일상에서 통성명과 관계를 맺는 여러 갈래의 길이 두 강에 만들어졌다.

한국 사람이 포함된 그들은 두 강을 넘나들며 "오늘도 국경을 만들고 허무는 삶"[218]을 살아간다. 한국 사회는 단절과 분단의 시각으로 바라보고 있으나 두 강은 "다르게 흐르고 있다."[219] 아래의 두 사례는 한국 사회가 미처 헤아리지 못한 두 강의 넘나들기 삶을 보여준다.

단둥에서 네 집단인 북한 사람, 북한 화교, 조선족, 한국 사람의 삶을 들여다보면 아버지는 북한 화교, 어머니는 북한 사람인 이들을 만나곤 한다. 그 중엔 북한에서 북한 사람으로 살다가 북한 화교로 정체성을 바꾼 경우가 있다. 압록강을 넘은 뒤엔 중국 사람으로 지내기도 한다. 2010년대 중반부터 먼저 한국에 와 있던 어머니를 따라 한국 사람의 정체성으로 삶을 사는 이도 있다. 나는 2020년대 전후 SNS 공간에서 북한과 중국에 있는 북한 사람 그리고 두만강 혹은 압록강을 넘어와 한국에 정착한 이들이 함께 대화를 나눌 수 있는 현상을 기록하고 있다.

이렇게도 만주와 한반도가 연결되고 있음을 알아가야 한다. 더불어 한국 사회가 두만강과 압록강에 덧씌운 편견과 선입견을 거두고 두 강이 들려주는 사실에 하나둘 귀를 기울여야 할 때다. 그러다 보면 남북이 걸어왔고 앞으로도 걸어갈 만주와 한반도를 잇는 평화 교류의 길이

---

218 강주원, 2013, 『나는 오늘도 국경을 만들고 허문다』, 글항아리.
219 강주원, 2016, 『압록강은 다르게 흐른다』, 글항아리.

보일 것이다. 분단과 단절에서 평화로 가는 길은 어렵기도 하지만 때론 가까이에 지름길이 있다.

다시 말한다. 1992년 한·중 수교 전후부터 만주에서 한국 사람도 두 강을 넘나들며 한반도의 남과 북을 연결했다. 두만강과 압록강은 한국 사람에게 단절과 분단의 장벽만은 아니다.

풍경이 바뀐,
같은 듯 다른 두 강

다리 길이를 기억해 두면 강폭을 짐작하는 데 도움이 된다. 물론 강폭보단 다리가 길다. 또한 완공 연도는 강을 넘나들던 상황과 그 지역의 변화를 이해하는 단서다. 두만강과 압록강의 대표적인 다리들의 삶을 들여다보겠다.[220]

먼저 압록강이다. 하류의 중국 단둥과 북한 신의주엔 두 다리가 있다. 1911년 11월 개통한 압록강철교는 가운덴 단선 철길, 양옆으론 인도가 있는 구조였다. 그 옆엔 1943년 완공된 복선 철로 다리가 있다. 둘 다 한국전쟁 때 파괴되었다. 압록강철교는 끊어진 상태 그대로 보존되어 관광지로 변모하였다. 그 옆의 다리는 1951년 선로 하나를 걸어내 기차뿐 아니라 차와 사람이 다닐 수 있도록 개조되었다. 1990년

---

220 이종석, 2017, 『북한-중국 국경: 역사와 현장』, 세종연구소, 113~156쪽.

대 들어 두 다리는 압록강단교, 중조우의교로 명칭이 바뀌었다. 길이는 각각 944미터와 941미터다. 1939년 중류의 중국 집안(지안)과 북한 만포를 잇는 철교가 완공되었다. 한국전쟁 당시 이 다리를 넘어 중국 부대가 참전했다. 2016년 인도교가 놓였다. 길이는 590미터다.

다음은 두만강이다. 한국전쟁의 기원을 연구한 브루스 커밍스는 "나진은 1927년 500명이 살던 작은 시골에서 10년 뒤 2만 6,000명이 거주하는 북적이는 항구로 성장했다."[221]라고 기록했다. 그가 위에서 언급한 도시 성장의 배경이었던 다리부터 설명하겠다.

두만강 중류, 중국 도문(투먼)과 북한 남양 사이의 철교는 1933년 완공되었다. 일본과 한반도와 만주를 연결하는 것이 주된 목적이었다. 인도교는 1941년 완공되었다. 길이는 440미터다. 그 옆엔 코로나19 시절 놓인 인도교가 있다. 상류로 가면 중국 개산둔(카이산툰)과 북한 삼봉을 1927년 연결한 두만강의 첫 다리가 있다. 길이는 327미터다. 하류인 중국 권하(취엔허)와 북한 원정을 잇는 다리들은 모두 인도교다. 각각 1936년과 2016년 완공되었다. 새 다리의 길이는 640미터다. 두만강 양쪽으로 중국 훈춘과 북한 나선으로 향하는 길이 뻗어 있다.

이 밖에도 두만강과 압록강의 최하류엔 일명 두만강철교와 신압록강대교가 있다. 러시아와 북한의 두만강철교는 1952년 개통했고 길이는 549미터다. 신압록강대교는 2014년 완공되었으나 2026년 현재 개

---

221 브루스 커밍스, 김범 역, 2023, 『한국전쟁의 기원 1』, 글항아리, 58쪽.

두만강의 상·중·하류다. 예전 모습 그대로는 아니다. 압록강과 달리 강폭이 댐의 영향을 받지 않았다. (2015년 7월)

통은 미뤄진 상황이다. 다리 길이가 3,026미터다.

이를 요약하면 1911년 만주와 한반도를 연결하는 첫 다리가 압록강 하류에 등장했다. 1932년 만주국 이전엔 두만강과 압록강에 각각 하나의 다리만 놓여 있었다. 둘 다 그 위를 기차가 넘나들었다. 다리 대부분은 만주국 시대인 1935년 전후 두 강에 모습을 드러냈다.

두만강과 압록강은 닮은 듯하면서도 다르다. 물줄기의 흐름을 결정 짓는 댐의 유무가 대표적이다. 두만강 중류엔 소형 발전소가 있지만 가동이 중단된 상태다. 반면 압록강 댐들은 규모가 크다.

압록강 하류엔 1937년 착공해 1943년 완공된 수풍댐이 있다. 한국전쟁 중 일부 파괴되었다가 1958년 복구되었다. 높이가 106미터고 길이가 900미터다. 완공 당시 아시아 최대의 댐이었다. 하구에서 수풍댐까지의 거리는 약 130킬로미터다. 저수 면적은 한국 소양호의 약 4배다. 중류의 운봉댐은 1967년 완공되었다. 저수 면적은 수풍댐의 3분의 1이다. 수풍댐 위와 아래엔 1990년과 1986년 완공된 위원댐과 태평만댐이 자리하고 있다.

이처럼 두만강과 달리 압록강의 중·하류는 1938년 이후 댐 건설을 거치며 위아래로 물줄기와 강폭이 달라졌다. 역사 속 압록강의 삶과

압록강의 중·하류는 1940년 전후 수풍댐 건설의 영향으로 지형이 바뀌었다. 운봉댐 위아래도 마찬가지다. 수풍댐 아래 태평만댐이 자리한 까닭에 이 일대는 호수의 풍경을 띤다. (2023년 8월, 2024년 6월, 2024년 9월, 2025년 6월, 2024년 2월)

넘나들기를 상상하려면 다리와 더불어 댐이 들어선 시기 전후를 구분해야 한다. 그래야 그림이 정확하다. 나는 위화도를 볼 때마다 1388년 이성계가 서 있었을 섬의 크기와 위치가 궁금하다. 북한 만포라는 지명이 중류와 하류를 오가던 배들이 머물던 포구란 뜻을 품고 있다는 사실은 댐이 없던 시절의 강 풍경을 짐작게 한다.

도시 형성 과정에서도 두 강은 차이를 보인다. 압록강변은 평지가 발달해 강을 사이에 두고 북한과 중국의 도시가 마주한다. 이른바 쌍둥이 도시다. 하류의 신의주와 단둥은 1911년 다리 건설을 계기로 성장했다. 중류엔 만포와 집안, 임강(린장)과 중강, 상류엔 혜산과 장백(혜산)이 강을 사이에 두고 인접해 있다.

하지만 두만강엔 마주 보는 도시가 없다. 북한 도시 건너편 중국 쪽은 대부분 산악지형이기 때문이다. 중국 도문 건너편의 북한 남양은 북한 행정으로 시 개념이 아니고 구 단위다. 북한의 무산과 회령 너머엔 중국의 화룡(허룽)과 용정(룽징)이 있다고 하나 두만강에서 약 50킬로미터 떨어져 있다. 두만강과 압록강의 다리, 댐, 도시의 궤적을 쫓다 보면 그들이 들려주는 이야기는 두 강의 길이만큼이나 길다.

2장

다시 찾아간
단둥과 압록강

코로나19 시기에도
압록강은 멈추지 않았다

코로나19에서 벗어나던 무렵이다. 2023년 5월 한국 언론은 압록강 상류에 위치한 북한 혜산의 상황을 다루었다. 이를 "고난의 행군, 기근, 가뭄, 홍수" 등의 단어와 함께 "북한, 비바람 앞에 서다."[222]라는 제목으로 보도했다. 한마디로 익숙한 표현들이었다.

코로나19, 그 세월이 무색했다. 압록강 너머 북한을 바라보는 시각과 해설은 10년, 20년 전과 비교해도 별반 차이가 없었다. 북한의 코로나19 발생 여부조차 파악하지 못했던 한국이다. 그보다 더 정보가 필

---

222 《KBS》 2023년 5월 30일 자, "北, 비바람 앞에 서다"

요한 북한 경제를 분석하다니 앞뒤가 맞지 않아 보였다.

늘 그랬듯 내 눈으로 확인할 계획을 세웠다. 2023년 8월부터 석 달 동안 연구와 단체 답사를 겸해 압록강을 세 차례 일주했다. 발원지 언저리에서 출발해 하류까지 차로 움직였다. 790킬로미터에 달하는 강변 대부분을 살폈다.

솔직히 선입견은 있었다. 코로나19로 어렵지 않은 나라와 지역이 없다고 들어왔다. 압록강 일대도 예외는 아닐 것이라 짐작했다. 최소한 강 너머 북한의 풍경과 삶은 3년 전 그 시간에 멈춰 서 있을지 모른다고 생각했다.

이러한 우려는 상류 지역을 만나는 순간 바로 기우임을 깨달았다. 강변의 북한 도시와 마을은 달라져 있었다. 예를 들어 코로나19 세월 동안 혜산의 공간을 하나둘 채워 온 건축물이 시야에 들어왔다. 2020년 이전의 변화 속도보다 빨랐다. 고난의 행군을 상징하던 옛 흔적은 옅어졌다.

그곳만이 아니었다. 중류 만포와 하류 삭주도 예전의 그 모습이 아니었다. 하류 끝 신의주는 더 말할 필요가 없었다. 나는 이 풍경을 사진과 함께 "코로나19 시기에도 압록강은 멈추지 않았다."라는 제목의 글로 남겼다. 2023년 여름과 가을 이후에도 압록강과 함께 북녘 산하는 변화를 거듭했다.

그런데 한국 사회는 폐쇄된 압록강이라는 잘못된 믿음에서 비롯된 북한 붕괴론과 위기설의 길에서 벗어날 기미가 없었다. 2024년과

이전엔 없던 건물이 압록강 상·중·하류의 풍경을 채워가고 있다. 하류 부교 주변은 약 1년이란 시간 동안 변했다. (2023년 8월, 2023년 8월, 2024년 8월, 2024년 6월, 2024년 9월, 2025년 8월)

2025년 북한은 여전히 고난의 행군 중이라고 믿는 경향은 변함없이 이어졌다. 그 길을 몇 년 동안 걷고 있을까?

북한이 어려움을 겪었던 시절은 1990년대 중반이었다. 2026년 현재를 기준으로 약 30년 지난 일이다. 이 세월 앞에서 어떤 말을 해야 할까? "십 년이면 강산도 바뀐다."라는 속담이 무색하다.

다리 위에서 단둥과 신의주를
한 장면에 담았으나

만주는 넓고 한국과 관련된 지역은 많고 답사 일정은 짧다. 단둥은 한국 사람이라면 흥미롭게 둘러볼 만한 장소가 제법 있다. 그러나 압록강단교만 보고 단둥을 빠져나가는 일정표가 대부분이다. 단둥과 북한이 답사 주제가 아니라면 유람선 타기도 드물다.

1950년 11월 미군 폭격으로 절반가량이 파괴된 채 남겨진 압록강단교를 한국 사람이 찾는 이유는 명확하다. 하나는 한국전쟁 기억하기다. 다른 하나는 신의주를 300미터 정도 거리에서 볼 수 있기 때문이다.

하지만 이 다리는 나에게 안타까움이 묻어나는 공간이다. 한국 사람은 그곳에서 대동소이한 반응을 보인다. 그들은 단둥과 비교되는 압록강변의 신의주만을 눈으로 보았을 뿐인데 마치 도시 전경을 본 것처럼 이야기한다. 그러곤 북한은 어렵다고 단정 짓곤 한다.

그들은 미련 없이 단둥을 떠난다. 가깝다고 모든 것이 다 보이진 않는다. 코로나19 이전이다. "신의주 강변엔 주로 군부대나 항만시설이 들어서 있는"[223] 도시 설계와 시야를 가리는 강변 나무들이 야속하게 생각되기도 했다.

2023년 여름 3년 만에 찾은 다리 난간에 기대어 예전처럼 북한과 중국과 한국이 연결되는 현실을 파악했다. 바로 옆다리 위로는 며칠 전 중국 지인이 한국에서 구매한 물건을 실은 트럭들과 화물기차가 단둥에서 신의주 그리고 평양을 향해 달리고 있었다.

다리에 깃든 역사 속 인물과 장면 등을 상상하며 발걸음을 옮겼다.

---

223 강주원, 2016, 『압록강은 다르게 흐른다』, 눌민, 26~27쪽.

사진 속 단둥과 신의주 외형이 변했다. 남북 교류와 만남을 연구하며 두 도시의 시간을 20년 넘게 기록한 나다. 이 장면은 한편으로 할 말이 넘치고 한편으로 말문을 잊게 한다. (2018년 10월, 2025년 8월)

단둥 평지에서 바라본 신의주 풍경이다. (2024년 10월)

그래도 혹시나 하는 마음에 단둥과 신의주를 한눈에 담을 수 있는 다리 중간쯤에서 방금 찍은 풍경을 확인했다. 순간 눈을 비볐다. 액정 속 사진은 길겐 20년, 짧겐 3년 전 모습과 달랐다.

북한이 어렵다는 선입견의 시선, 그 기준으로 보면 어디가 단둥이고 신의주인지를 선뜻 가려내기 망설여졌다. 그렇게 신의주 강변의 외형은 변해 있었다. "이젠 다리 또는 압록강 유람선 위에서 신의주를 봐도 북한의 변화를 파악할 수 있다."라고 사진은 나에게 말했다.

다리를 떠나며 이제 더 이상 북한 신의주 강변의 특징을 말하지 않아도 되겠다고 생각했다. 이는 섣부른 판단이었다. 곁을 지나던 한국 사람의 대화는 여전했다. "북한 신의주에 선전 건물이 많구나! 중국보다 초라한 저 모습을 봐!" 등이 들렸다. "내가 잘못 파악했나, 연구자로서 객관적인 판단이 흐려졌나?"라는 고민이 머릿속을 어지럽혔다.

그 이후 갈 때마다 기록 작업을 반복했다. 다리 위, 똑같은 위치에서 카메라를 꺼냈다. 10년 전 스승과 봤던 북한의 어둠도 변하고 있었다. 늦은 밤과 새벽마다 단둥 강변을 걸으며 강 너머의 신의주 야경과 여명을 남겼다.

한국에 돌아와서는 스승을 찾아가 토론하곤 했다. 주제는 코로나19 시기 북한과 한국이 각자 어떤 길을 걸어왔는지 그 궤적을 읽어내는 것이었다. 부주제는 북한의 변화를 선전마을로만 바라보는 색안경이었다. 북한을 향한 한국 사회의 굳어진 편견이 단단하고 깊음을 확인하는 스승과 제자의 의견이 오갔다.

한국 사회는 북한의 새로움을 묻거나 따지지 않은 채 곧바로 선전물이라고 단정한다. 대체 무엇이 한국 사회를 이토록 완고한 시선 속에 가두는 것일까? DMZ 언저리에 세워진 북한이 아닌 한국의 선전마을은 1970년대로 거슬러 올라간다. 그 뿌리가 깊다.

위화도는 달라지고
한국은 그대로고

단둥과 신의주를 잇는 다리 상류엔 이성계 회군의 무대인 위화도가 자리하고 있다. 면적은 여의도의 약 3.8배다. 평양행 기차를 보고 들뜬 이들에게 "저곳이 위화도이고 가까이 접근하는 유람선이 있다."라고 언급하면 다들 서둘러 가자며 발걸음을 재촉한다.

그때마다 나는 속으로 "아차" 하며 방금 내뱉은 말을 후회했다. 사실 그 근처에 가고 싶지 않았다. 2007년 무렵 박사 논문을 준비할 때다. 단둥에 15개월을 거주하던 시절 본 강 너머 위화도와 신의주의 다른 지역은 외형상 별반 차이가 없었다. 시간이 흐르며 신의주 시내는 변했으나 위화도는 과거에 머문 듯한 모습이었다. 유람선을 타고 100미터 안팎으로 다가가 보는 섬의 집들은 남루했다.

2023년이 지나도 그 풍경은 바뀌지 않았다. 한국에서 온 어떤 이는 마음 아파하고 어떤 이는 고개를 돌렸다. 위화도 이미지는 고난의 행군 그 자체였다. 단교 끝에서 방금 봤던 신의주 강변의 다른 풍경은 머릿속에서 이미 지워졌다. "위화도 건물은 1980년대 초반, 그러니까 약 40년 전에 지어졌다."라는 내 설명은 힘을 얻지 못했다.

그러던 2024년 7월 말 압록강에 큰비가 내렸다. 한국 사회의 관심은 일단 김정은 국무위원장의 행보에 쏠렸다. 약 두 달 후부터 한국 언론은 비슷한 내용을 보도했다.

10동 넘는 건물을 동시에 짓고 있는 위화도 [...] 콘크리트 타설 차량도 없어 지게로 물을 길어 옮기고 포대에 골재를 담아 기중기로 끌어올립니다. [...] 반세기 전쯤 시간이 멈춘 듯한 공사판 풍경 [...] 속도전을 지시한 북한 김정은 위원장, 공사는 밤낮없이 이어집니다. [...] 부족한 전력 사정에 전등은 한두 개뿐, 칠흑 같은 어둠 속에 불꽃을 튀며 작업을 이어가고 있습니다.[224]

위 취재는 사실일까? "공사는 밤낮없이 이어집니다."라는 문구를 제외하면 내가 본 모습과 달라도 너무 다르다. 8월, 9월, 10월 연달아 압록강 유람선을 탔다. 열심히 위화도의 변화를 기록했다. 건물을 겹겹이 짓고 있었다. 섬의 한 구역만 해도 공사 중인 건물이 "10동"이 넘었다. 다른 언론 기사엔 중장비가 없다고 했지만 내 눈엔 보였다.

"반세기"는 50년 전인데 그때의 공사판 분위기를 나는 모른다. "전등은 한두 개"가 아니었다. 단둥 사람의 표현을 빌리자면 불야성이었다. 기자와 내가 위화도를 바라본 위치와 탔던 유람선이 달랐기 때문일까? 사진의 각도를 보면 다를 수가 없다. 같았다. 홍수 발생 4개월 뒤인 2024년 12월 말 북한은 "평안북도 피해지역 살림집 준공식"을 진행했다.

---

224 《YTN》 2024년 10월 8일 자, "신의주 수해 복구 속도전"

위화도는 1980년대에 머물러 있었다. 2024년 여름부터 섬의 외형이 달라지기 시작했다. (2024년 8월, 2025년 8월)

1만 5,000여 세대의 현대적인 다층 및 단층 주택과 탁아소, 유치원, 학교, 병원, 진료소 건설. 6,000여 세대의 주택 보수. 압록강 제방 공사.[225]

북한은 이를 두고 "건설사의 기적"이란 명칭을 단 길을 걸었다고 했다. 2024년 가을부터 유람선을 탄 한국 사람에게 위화도 위상은 고난의 행군에서 선전마을로 옮겨갔다. 길들은 언젠가는 만난다고 하는데 압록강을 끼고 걸어가는 북한과 한국의 길은 여전히 멀리 떨어져 있는 모양새다.

한국 사회는 북한을 있는 그대로 바라본다고 말한다. 그런데 속내를 들여다보면 배운 대로 선전물과 고난의 행군으로만 받아들이는 외길을 걷는다. 2024년 기억에 남는 압록강 관련 한국 뉴스가 있다.

---

225 《통일뉴스》 2024년 12월 23일 자, "건설사의 기적 창조"

"북·중의 이상 기류"의 예로 다리에 붙은 현판을 철거하는 장면을 방영했다.

> 북·중의 이상 기류 속에 개통은커녕, 현판마저 철거한 모습이 YTN 카메라에 잡혔습니다. 사장교 기둥 꼭대기에 한자로 중조압록강대교란 7글자가 걸려 있었는데, 얼마 전 떼어버린 겁니다.[226]

나는 한국에서 이를 시청했고 보름 뒤 그 다리에 갔다. 새 현판을 달고 있는 모습이 시야에 들어왔다. 그것은 철거가 아니고 교체였다. 언론이 전해 온 압록강의 침소봉대를 알기에 보탤 말이 없었다.

다리 너머 백석의 남신의주를 바라보다가 삼국(북한, 중국, 한국)의 교류 현장인 단둥 도매시장으로 발길을 돌렸다. 그곳은 북한 사람이 압록강을 건너 집으로 가기 전 물건을 구매하는 가게가 모여 있다. 코로나19 시절 단둥엔 약 10만의 북한 해외노동자가 일했다.

그 기간 중국 압록강 하류 지역에서는 개성공단의 5배 규모가 가동된 셈이다. 시장은 상인과 흥정하는 북한 억양이 넘쳤다. 한국에서 판매되는 제품을 만들기도 하는 그들 양손엔 북한 가족에게 선물할 물건들이 가득 들려 있었다.

중국 시장에서 그들과 스쳐 지나갈 때면 나는 파독 광부와 간호사를

---

226 《YTN》 2024년 10월 7일 자, "현판마저 철거"

단둥 시장에서 쇼핑하는 북한 여성들과 그들의 귀국 버스는 만주와 한반도를 현재진행형으로 잇고 있다. (2024년 6월)

생각하며 삶을 비교하곤 한다.[227] 이번엔 일제강점기 압록강을 넘나들던 독립군도 친일파도 아니었던 이들이 겹쳤다. 그때도 지금도 두만강과 압록강은 국경이지만 일상의 삶으로 이어지는 길을 품은 채 흐른다.

북한 여성들에게 미안했다. 허락도 구하지 않고 시장길을 걷는 뒷모습을 사진에 남겼다. 다음 날 중국 단둥에서의 직장 생활을 마치고 고향 북한으로 돌아가는 또 다른 그들을 세관 입구에서 마주했다. 이어 압록강 다리를 건너는 여정까지 지켜봤다. 만주와 한반도는 그렇게 이어지고 있었다.

---

227 강주원, 2016, 『압록강은 다르게 흐른다』, 눌민, 61~72쪽.

2013년, 2016년, 2019년, 2022년 그리고 2026년 기록을 마치면서

또 달려간 임진강과 한강: 이번엔 욕심을 접었다

2022년『휴전선엔 철조망이 없다』를 펴낸 뒤에도 임진강과 한강의 하류 그리고 한강하구로 또 달려가곤 했다. 그곳에서 DMZ 관련 자료를 모았다. 그 가운데 하나다.

1968년 4월부터 미군과 한국 정부는 [...] 휴전선 비무장지대 남방한계선 지역 철책선 양쪽 100여 미터 [...] 주요 도로 양쪽 30여 미터 지점에 고엽제를 집중적으로 살포했다. [...] 원액 2만 1천 갤런(약 315드럼)을 경유와 [...] 섞어 살포한 분량이 무려 140만 리터, 드럼통으로 7천여 개에 이른다. [...] 대략 2년여 동안 7만여 명이 작업에 참여한 것으로 추정된다. [...] 맨손으로 살포 작업에 동원되었다는 것이다.[228]

6월 6일 2025 DMZ 생명평화순례 함께 걸어요! '평화로 가는길'에 함께 해주세요.

✨ 프로그램
- 서울 평화버스 출발(오전 7시 30분 시청역 8번 출구)
- DMZ 평화 걷기(장산전망대 ~ 임진각)
- 해방분단 80년 정전 72년 한반도 평화행동

한국 사회는 DMZ를 줄이기보다 오히려 확장하고 있다. 한강하구엔 DMZ가 없다. 하지만 그곳엔 DMZ 둘레길이 있고 한강 하류의 자유로 철조망은 DMZ가 아니나 더 견고해졌다. (2025년 6월, 2025년 5월, 2025년 1월, 2024년 8월)

한국 사회가 1968년 전후부터 세워진 남방한계선 철조망의 역사를 아는 이가 드물다는 내용만 주목해 왔다.[229] 그 일대에 뿌려진 고엽제의 양과 상황을 알지 못했다. 위의 사실을 짚은 전성원의 문장 하나하나가 예사롭지 않았다. 이렇게 DMZ의 여백을 채워 가는 길을 걸었다.

하지만 휴전선엔 철조망이 없다는 사실과는 정반대의 길을 가는 기획과 현장을 계속 마주하며 걷기를 멈춰 서야만 했다. 예전과 마찬가지로 2023년, 2024년, 2025년 한국 사회엔 DMZ가 아닌 지역을 걸으면서 DMZ를 걷는다고 홍보하는 행사가 잇따랐다. 인천 강화군엔 DMZ

---

228 전성원, 2022,『하루 교양 공부』, 유유, 113~114쪽.

229 강주원, 2022,『휴전선엔 철조망이 없다』, 눌민, 51~54쪽.

가 존재하지 않는데 DMZ 평화의 길이 조성되었다.

비무장지대*DMZ*를 횡단하며 분단의 아픔을 몸으로 느낄 수 있는 DMZ 자유·평화 대장정 행사가 열린다. 국방부와 행정안전부 등 정부 부처와 인천·경기·강원 등 지방자치단체는 [...] DMZ 평화의 길은 인천 강화군에서 시작해 강원 고성군까지 10개 시·군에 걸친 524킬로미터에 이르는 걷기 여행길이다.[230]

남북 평화를 기원하는 마음과 DMZ를 확장하는 행보는 엇박자를 반복했다. 2023년 가을 광화문 정부 건물 외면엔 "DMZ 자유·평화 대장정, 원정단 모집 중"이라는 대형 홍보물이 걸렸다. 그러나 그들은 DMZ가 아닌 민통선의 안과 밖을 걸었다.

한강하구엔 DMZ가 없다. (2025년 1월)

---

230 《서울신문》 2023년 5월 29일 자, "분단 70주년 DMZ를 걷는다"

  나가는 말

나는 "평화로 가는 길, 2025 DMZ 평화 걷기 코스(장산 전망대~임진각)"
포스터를 강연 자료로 활용하곤 한다. 딴지를 걸고 싶은 마음을 담아
청중에게 묻는다. "DMZ를 줄이고 허물어가는 노력이 평화로 가는 길
인데 오히려 넓히는 행사가 평화로 가는 길일까요?" 이것이 한국 사회
의 민낯이다. 2025년 7월 DMZ의 현주소는 이렇다.

유흥식 추기경이 방한 기간 중 비무장지대*DMZ* 방문을 추진했으
나 유엔군사령부의 출입 승인을 받지 못해 무산된 것으로 알려졌
다.[231]

2024년 한국 언론은 휴전선을 포함한 DMZ 주변 상황을 연일 보도
했다. 10월엔 북한이 경의선과 동해선의 남북 연결도로와 철도를 끊었
다고 전했다. 11월엔 남북 교류의 상징인 송전탑이 철거되는 영상을
내보냈다. 그보다 몇 달 전인 6월엔 "장벽을 세우려는 것인지, 단순히
일부 지점에 경계·방호 시설을 건설 중인지는 추가 분석이 필요"하다
는 전제를 말하며 "북한군, 휴전선 따라 장벽"[232]이란 뉴스 제목을 뽑았
다. 다음은 내가 보기엔 의도와 무관하게 한국의 장벽 만들기 역사를
덧붙이는 기사가 섞였다.

---

231 《동아일보》 2025년 7월 19일 자, "DMZ 방문 유엔사 불허로 무산"
232 《MBN》 2024년 6월 15일 자, "북한군, 휴전선 따라 장벽"

한국군은 1970년대 후반 북한군 남침에 대비해 군사분계선 이남 2킬로미터 지점인 남방한계선상(서부·중부 전선)에 높이 5~6미터 콘크리트 장벽을 총 30킬로미터에 걸쳐 설치해 놓았다.[233]

이는 약 50년 전으로 거슬러 올라간다. 2024년의 확성기 방송도 한국이 먼저 재개했다. 한편 나는 DMZ 언저리에서 남북의 장벽 만들기 현장만을 만난 것은 아니었다. "평화에 대한 이해는 백 마디 말보다 북적이는 도라산역에 있지 않을까?"[234]라고 쓴 적이 있다. 그 문장이 현실로 구현되는 장면을 체험하곤 했다. 이와 관련된 내용을 다룬 기사다.

광주광역시 남구가 남·북 화해 협력과 관계 복원을 염원하는 통일 효도 열차 사진 전시회를 개최한다.[235]

광주 효천역에서 도라산역까지의 줄임말, "효도 열차"는 2022년 가을부터 2025년 말 현재까지 13차례에 걸쳐 4,000명 넘는 이들이 동참한 평화 행사다. 새벽 6시경 출발해 자정 무렵 돌아오는 하루 일정으로

---

233 《조선일보》 2024년 6월 17일 자, "北 휴전선 설치 중인 구조물"

234 강주원, 2022, 『휴전선엔 철조망이 없다』, 눌민, 202쪽.

235 《KPI 뉴스》 2025년 5월 1일 자, "통일 효도 열차 3년간 달린 길 한눈에"

논 옆이 곧 임진강이다. 몇백 미터 너머가 휴전선 시종점이다. 그곳에서 지인의 추수 일손을 보탰다. 또한 일회성에 그치지 않고 꾸준히 도라산역을 외롭게 두지 않으려는 노력을 기록했다. 평화는 가까이에 있다. (2023년 10월, 2025년 8월)

왕복 824킬로미터를 달린다.

"남·북 화해 협력과 관계 복원을 염원하는" 이 노력은 일회성이 아니다. 현재진행형이다. 전쟁 분위기가 고조되던 2024년의 상황 속에서도 멈추지 않았다. 나 역시 강사로 동행한 남북 분단의 벽을 허무고자 하는 노력과 실천은 도라산역에 쌓이고 있다.

이런 기록을 모아 "또 달려간 임진강과 한강"이란 주제로 이 책에 담을 계획이었다. 그러나 욕심을 접었다. 초고를 써보니 지난 3년 남짓 임진강과 한강이 들려준 남북이 걸어온 길은 짧게 다룰 분량이 아니었다. 이번 책이 세상에 나오지 않았는데 다음 책에 실을 「민통선 너머 도라산역으로: 공무원과 주민의 열정을 싣고 달려 온 기차」 꼭지를 다듬기 시작했다.

나의 스승,
정병호에게

　　　　　　　인류학 길을 꾸준히 걷겠다는 다짐으로 3년마다 책을 내겠다고 스스로 약속했다. 그렇게 네 번째 책까지는 지켰으나 지난 책의 맺음말에서 3년이란 강박에서 벗어나겠다고 나에게 선언했다. 덕분에 2024년 가을엔 노트북을 멀리하며 마음의 여유를 누렸다.

이 흐름이면 다섯 번째 책은 2025년은커녕 2026년에도 엄두조차 내기 어려워 보였다. 그렇게 한 해가 마무리된다고 생각했는데 그해 겨울 나는 이별을 맞이했다. 스승을 향한 마음을 SNS에 올렸다.

아래의 긴 추모의 글은 그때 썼던 내용을 줄여 옮긴 것이다. 이 책이 나오기까지 버팀목이었음을 밝힘으로써 독자에게 개인적인 글을 읽게 하는 미안함을 덜어내고 싶다.

2024년 12월 슬픔을 남긴다. 2000년 봄 20대 후반이었던 나는 40대 중반의 한 남자를 만났다. 그는 첫 대학원 수업에서 자신이 걸어온 인류학 길을 담담하고도 꼼꼼히 풀어냈다. 참 멋졌다. [...] 그때 그의 인류학이 내 삶에 어떻게 자리 잡고 어떤 영향을 미칠지 미처 몰랐다. 돌이켜보면 그와 보냈던 순간 하나하나를 난 빠짐없이 기억한다. 아니다. 그저 그의 모든 것을 배우고자 했고 닮고자 했다.

"강주원, 너는 마음이 여려서 인류학을 계속하면 상처받을 것 같

　　　　　　　　　　　　　　　　　나가는 말

으니 그만두는 것도 방법이다." 그 말을 들었을 때 그가 미웠다. 몇 달 동안 불면증에 시달린 끝에 석사논문을 마무리했다. 그 이후 혼자서 연구 현장을 갈 때마다 곁에서 그가 나를 바라본다고 생각했다. [...] 그는 늘 내 연구가 곧 자기 연구인 양 반응해 주었다. [...] 동학이 되어 간다는 뿌듯함을 느꼈다. [...] 그와 나는 함께 늙어갈 것이고 어느 날, 또 술 한 병 들고 가서 지난 이야기를 고백하는 날을 꿈꾸었다.

"당신은 나의 인류학 전부였다고 뿐만 아니라 제 인생 길목마다 계셨습니다. 학부 답사 때 대학원생인 나에게 모닥불 통닭구이 혹은 고기 굽는 기술을 전수하며 나눈 대화 [...] 어느 날 불쑥 전화해 한국도 아니고 제자의 연구지역인 중국 압록강에 같이 가 보고 싶다던 목소리를 기억합니다. 참 너에게 했듯 엄하게 가르치니 제자들이 도망을 간다고 웃으며 말씀하시던 표정도 저는 기억합니다." 이런 추억 보따리를 그에게 말하는 날이 아마도 먼 훗날 당연히 있을 것으로 생각해 왔다. [...] 그러나 그가 떠났다.

"선생님 당신에게 인류학을 강의실 밖, 현장에서 더 많이 일대일로 배우는 바람에 솔직히 힘들다고 생각했습니다. 때늦은 후회를 합니다. 행복했습니다. [...] 제자로 정병호 인류학의 길을 이어나갈 것이고 이를 꼭 앞으로 나올 책에 담겠습니다. 당신은 저에게 아름다움 그 자체인 인류학자입니다. [...] 이는 변함없습니다. [...] 당신은 나의 영원한 스승입니다."

단둥과 압록강을 현장 연구하던 날 스승과 함께 맛본 북한 김치와 그의 모습이 담긴 사진이다. 졸업 이후에도 멈추지 않은 나의 인류학 배움이다. (2014년 11월)

그를 보내드린 뒤 일상으로 돌아갈 줄 알았다. 그러나 학문의 버팀목이 사라졌다는 사실이 이토록 몸과 마음을 무너뜨릴 줄은 몰랐다. 그렇게 텅 빈 마음으로 몇 달을 보냈다. 문득 예전처럼 스승께 숙제 검사를 받고 싶다는 오기가 발동했다.

위의 글을 이 책에 담기로 마음먹었다. 6개월간 초고에 매달렸다. 한글 파일이 교정지로 바뀌기 전까지 7개월 넘게 지겹도록 읽고 고쳤다. 두만강과 압록강과 백두산과 만주에 갈 때도 미완성 원고를 가지고 다녔다. 현장의 길에서 수정과 검증을 거듭했다.

글이 막힐 때마다 스승이 "늘 든든한 강주원 박사에게, 함께 걸어온 길을 기리며"라고 적어 준 『고난과 웃음의 나라』를 펼쳤다. 두만강과 압록강을 바라보던 그의 인류학 감수성이 묻어 있어 이만한 자극제도 없었다. "단둥 지역을 연구하던 인류학자 강주원은 [...] 알려줬다."[236] 라는 대목을 읽으며 마음을 다잡았다.

이 책이 나오자마자 그에게 찾아갈 생각이다. 그가 제자의 책을 읽다 어떤 빨간펜을 들지라도 이제는 그 순간마저 즐길 것이다. 아내와 아들에겐 "이번 책은 한 사람에게만 고마움을 전하겠다."라고 미리 말했다. 스승 정병호가 걸었던 만주와 한반도의 길을 잇고자 제자 강주원의 마음을 이 책에 녹였다.

---

236 정병호, 2020, 『고난과 웃음의 나라』, 창비, 298쪽.

강주원, 2013, 『나는 오늘도 국경을 만들고 허문다』 글항아리.

강주원, 2016, 『압록강은 다르게 흐른다』 눌민.

강주원, 2019, 『압록강은 휴전선 너머 흐른다』 눌민.

강주원, 2022, 『휴전선엔 철조망이 없다』 눌민.

고형진 엮음, 2017, 『정본 백석 시집』 문학동네.

김광억 외, 1997, 『중국 요녕성 한인동포의 생활문화』 국립민속박물관.

김구, 도진순 역, 2017, 『백범일지』 돌베개.

김구, 도진순 역, 2017, 『백범일지』 돌베개.

김산·님 웨일즈, 송영인 역, 2020, 『아리랑』 동녘.

김선민, 최대명 역, 2023, 『인삼과 국경』 사계절출판사.

김재홍, 2022, 『독립전쟁! 그 현장을 가다』 부천시협의회.

김주완, 2023, 『줬으면 그만이지』 피플파워.

김준엽, 2017, 『장정 1』 나남.

김준엽, 2017, 『장정 2』 나남.

김태빈, 2021, 『동주, 걷다』 레드우드.

김형수, 2004, 『문익환 평전』 실천문학.

김훈, 2022, 『하얼빈』 문학동네.

곽승지, 2018, 『중국 동북 지역과 한민족』 모시는 사람들.

고미숙 등 역, 2008, 『세계 최고의 여행기 열하일기(상)』 그린비.

나혜석, 2018, 『조선 여성 첫 세계 일주기』 가갸날.

노대환 등, 2023, 『고등학교 한국사』 동아출판.

박경리, 2015, 『토지 1부 4권』 마로니에북스.

박경리, 2015, 『토지 2부 1권』 마로니에북스.

박경리, 2015, 『토지 2부 2권』 마로니에북스.

박경리, 2015, 『토지 2부 4권』 마로니에북스.

박경리, 2015, 『토지 5부 1권』 마로니에북스.

박경리, 2025, 『다만 여행자가 될 수 있다면』, 문학동네.

박우, 2025, 『5층 삼촌: 새로운 연결, 조선족 이야기』, 너머학교.

박환, 2020, 『블라디보스토크·하바롭스크』, 선인.

배성준, 2006, 「간도, 간도출병」 『역사용어 바로쓰기』, 역사비평사.

브루스 커밍스, 김범 역, 2023, 『한국전쟁의 기원 1』, 글항아리.

서중석, 2001, 『신흥무관학교와 망명자들』, 역사비평사.

설민석, 2019, 『설민석의 무도 한국사 특강』, 휴먼큐브.

손기정, 2022, 『나의 조국 나의 마라톤』, 휴머니스트.

송우혜, 2018, 『윤동주 평전』, 서정시학.

심용환, 2019, 『단박에 한국사(근대편)』, 위즈덤하우스.

안도현, 2022, 『백석 평전』, 다산북스.

안민영, 2013, 『낯선 그리움의 땅, 만주』, 서해문집.

안중근, 2019, 『안중근 옥중 자서전』, 열화당.

『역사비평』 편집위원회 엮음, 2006, 『역사용어 바로쓰기』, 역사비평사.

윤해동 외, 2018, 『변경과 경계의 동아시아사』, 혜안.

이동순, 2023, 『민족의 장군 홍범도』, 한길사.

이미륵, 박균 역, 2016, 『압록강은 흐른다』, 살림출판사.

이복규 엮음, 2016, 『윤동주 시 전집』, 지식과 교양.

이연식, 2024, 『다시 조선으로』, 역사비평사.

이욱연, 2024, 『홀로 중국을 걷다』, 창비.

이은숙, 2017, 『서간도 시종기』, 일조각.

이종석, 2017, 『북한-중국 국경: 역사와 현장』, 세종연구소.

전성원, 2022, 『하루 교양 공부』, 유유.

정근식, 2018, 「냉전·분단 경관과 평화」 『황해문화 가을호 100』, 새얼문화재단.

정병호, 2020, 『고난과 웃음의 나라』, 창비.

김대건, 정진석 역, 2023, 『이 빈들에 당신의 영광이』, 바오로딸.

조정래, 2013, 『아리랑 10』, 해냄.

조형근, 2024, 『콰이강의 다리 위에 조선인이 있었네』, 한겨레 출판.

최범산, 2012, 『압록강 아리랑』 달과소.

최태성, 2024, 『다시, 역사의 쓸모』 프런트페이지.

취샤오판, 박우 역, 2016, 『중국 동북 지역 도시사 연구』 진인진.

한경구·한홍구, 2017, 「잊어선 안 될 그날들」 『서간도 시종기』 일조각.

한석정, 2022, 『만주모던』 문학과 지성사.

《경기일보》 2024년 3월 29일자, "창바이산 유네스코 등재"

《경향신문》 2024년 12월 19일자, "영화 하얼빈, 얼어붙은 두만강"

《뉴스1》 2025년 9월 29일자, "이산가족의 날 기념 시민참여 문화행사 개최"

《동아일보》2025년 7월 19일자, "DMZ 방문 유엔사 불허로 무산"

《서울신문》 2023년 5월 29일자, "분단 70주년 DMZ를 걷는다"

《오마이뉴스》 2007년 2월 28일자, "윤동주 육필원고 갖고 월남한 여동생"

《오마이뉴스》 2019년 8월 9일자, "친일파가 만든 '선구자' 흔적 모두 지운다"

《조선비즈》 2025년 2월 1일자, "당신의 '하얼빈'은 어디입니까?"

《조선일보》 2024년 6월 17일자, "北 휴전선 설치 중인 구조물"

《주간경향》 2015년 1월 19일자, "남북 우편 교류 어게인 1946"

《통일뉴스》 2024년 12월 23일자, "건설사의 기적 창조"

《한국일보》 2008년 5월 6일자, "소설 토지와 작품세계"

《한국일보》 2018년 11월 22일자, "정재정의 독사만필"

《JTBC 뉴스룸》 2018년 6월 4일자, "달렸다. 손기정은"

《KBS》 2023년 5월 30일자, "北, 비바람 앞에 서다"

《KPI 뉴스》 2025년 5월 1일자, "통일 효도 열차 3년간 달린 길 한눈에"

《MBN》 2024년 6월 15일자, "북한군, 휴전선 따라 장벽"

《YTN》 2024년 10월 7일자, "현판마저 철거"

《YTN》 2024년 10월 8일자, "신의주 수해 복구 속도전"

〈한국민족문화대백과사전〉, https://100.daum.net/encyclopedia